秋山二三雄 著

落第銀行マンだからできた逆張り経営

「常識」に挑み続けて30年、
地域No.1住宅会社のこれから

ダイヤモンド社

目次

第1章　やり過ぎるほど働いた銀行員時代　9

第5章 高品質の住宅を低価格で提供するために

第6章　少数精鋭で未来の家に挑む　161

第1章　やり過ぎるほど働いた銀行員時代

佐倉で生まれ育ち、広い家にあこがれた日々

千葉県の北部、下総台地の中央に位置する佐倉市が、私が生まれた地である。

江戸時代は佐倉藩として栄え、佐倉城から城下町が広く続いていたといわれる。私の祖先はそこで御用商人として商売を営んでいた。

明治時代になると廃藩置県により佐倉藩は廃止され、佐倉城も取り壊された。城の跡地には、明治政府の富国強兵の方針のもと陸軍の兵営がつくられ、訓練のために県内から多くの若者が集まり、街は大いに賑わったと伝わっている。

第二次大戦の戦災から立ち直り、この街がこれから住宅地として発展していこうという1946年に生まれたのが私だった。

父は戦時中は陸軍の大尉だったが、戦後、本来の教師に復帰した。それとともに佐倉を早々に離れて県内を転勤する生活が始まった。

私が小学校に入学したのは千葉市の花園町（現・花見川区内）だった。中学は長生郡一宮町で入学し、その後、君津郡天羽町（現在の富津市）に転校して、そこで中学を卒

業。高校は千葉県立木更津高等学校へ進んだ。

父の転勤で引っ越す先はいずれも、3間しかない教職員住宅で、両親と兄弟7人の家族9人が暮らした。昼間は働きに出たり、学校へ行ったりと、家族が入れ代わり立ち代わり出入りするので何とか生活できたが、夜になって育ち盛りの兄弟が揃うとさすがにそうはいかない。寝床をつくる隙間もなく、私は土間に茣蓙《ござ》を敷いて、その上に布団を置いて眠る毎日だった。

暮らしは楽ではなく、食べ物にも苦労した。子どものころは麦飯だったし、昼はサツマイモで済ませることも多かった。近くの山へ行き、ノビルやゼンマイ、ワラビ、百合の根っこなどを取ってきてはおかずにしたものだ。アカガエルも食べた。食卓に茹でたてのうどんが山盛りに置かれ、それを兄弟7人が先を争って食べたこともある。白い米が食べられるようになったのは小学校5年生になったころだ。たまに母親が買ってくるコロッケやイカフライ、アジフライがごちそうだった。ひとり一品にみそ汁とお新香の質素な食事だった。

私にとってはそれが当たり前の生活だった。だが、物心がついてくるとどうしても友達の家との違いが気になり出す。小中学校のころの友達には父親が製鉄会社に勤めている者が多く、社宅へ遊びに行くと生活の違いに驚くばかりだった。今から考えれば2D

Ｋとか３ＤＫのアパートだったはずだが、それが私にはピカピカの御殿のように見えたものだ。

15年間に及んだ教職員住宅を転々とする生活を続けるうちに、私の中で膨らんでいったのが、住居というものがいかに大切なものかという思いだった。教職員住宅という、いわば仮住まいの生活を送ったことで、自分の家、自分だけの住宅というものに、私はあこがれを抱いた。ロマンと言ってもよい。

私が大学生になったころに父は定年退職し、現在の千葉市若葉区小倉台にやっと念願の自宅を手に入れた。それは文字通り父の「自分の家」には違いなかったが、私の理想とはあまりにも違っていた。土地は70坪とゆとりはあったものの、建て売りの住宅はプレハブ22坪の平屋。当時は5人に減っていたとはいえ、狭過ぎた。子どもの時と違い、おとなが暮らすには窮屈だった。

住宅というのはこんなものではない、もっと素晴らしいものであるはずだ、という気持ちが私の中で膨らんでいった。そのころから、大きな住宅を建て、そこに住むことが私の願望になっていった。

満たされないものもあったが、私は自分の家族に誇りを持っていた。

父は地元の名門高校の校長を務め、親戚には市会議員がいた。後には、私の従兄弟に当たる、父の兄の長男も教職に就き、父と同じように校長に就任した。教育一家として隣近所や親戚の間で尊敬を集めていた。父は私にも教員の道に進むことを期待していたようでもあった。

経済学部へ進学、銀行に就職

だが、私は教育者にはならなかった。若干、父や従兄弟に反発する気持ちがあったのかもしれない。木更津高校を卒業すると、あこがれだった東京の明治学院大学経済学部に進学した。当時は大学紛争が激しい時代だったが、私はあまり関心を持てなかった。大学ではラグビー部に所属し、考え方は全くの体育会系だった。そして、卒業後は千葉県内最大手の地方銀行に就職した。

地方銀行は地域内の経済活動に欠かせない存在である。地域の人たちに大いに敬意を払われる。父や兄のように人から尊敬されたいが、彼らとは違う道を見つけたい。そんな気持ちだったのだと思う。銀行にはそれから20年近く勤めることになったが、そこでの経験は私にとってたいへん貴重な糧となった。独立した後、次々とやってきた危機を乗り越えられたのも、銀行員の経験があったからと信じている。

しかし、率直に言って、私の銀行に対する思いは、現在もなお複雑である。激しい怒りとともに辞職した経緯があるためだ。

辞職して独立してから約10年は、私はかつて自分が勤めていた銀行と接触することはなかった。銀行は私を冷たく突き放し、私のほうも意地になって付き合いを遠ざけた。だが、ある時を境に和解して融資を受けるようになり、今では我が社の主要銀行になっている。大きくなった我が社を認めてくれたということなのだろう。

私が銀行を辞めたのは1987年、30年も前のことだ。それから経営環境も私自身も、銀行の組織も大きく変わった。冷静に振り返れば、私自身、銀行員に向かなかったのだと思う。

30年前の出来事を蒸し返して恨むつもりはない。だが、辞めた時に抱いた「認められたい」「見返してやりたい」という強烈な気持ちを今も私は持ち続け、それが厳しい業界で生き抜く力になっていることは事実だ。

私の生き方を決めてしまうような強烈な、原点ともなるべき銀行員時代の出来事について、語っておく必要があるだろう。

夜討ち朝駆けで好成績をあげる

1969年の春は、私の人生にとって最も晴れがましい時期のひとつだった。明治学院大学を卒業して地元の最大手の地銀に入行した。入行同期は21名。前年の入行は68名、翌年は100名に及んだから、私たちの年だけ少数の採用だった。応募者は3000名を超えていたと思う。厳しい選抜をくぐり抜けてきたという自負があり、事実、優秀な人間が揃っていた。後のことになるが、同期のうち15名は支店長に昇進し、さらにひとりは頭取にまでなった。

同期には東大をはじめ慶應や早稲田など有名大学出身の人間がいた。私は負けたくなかった。実力で自分自身を表現したかったのだと思う。

初めに配属された支店では営業担当として働き始めた。当時の日本は高度経済成長のまっただ中だ。支店の周辺では新しい幹線道路の建設が計画されるなど、あちこちで開発の話がもちきりだった。

開発につきものなのが土地の売買だ。私は土地売買の話を嗅ぎつけるとすぐに地主のところへ飛んでいき、定期預金口座の開設を勧めた。売った土地で手にしたお金を預金してもらうためだ。

土地を持っていたのは主に地元の農家だった。早朝だろうが深夜だろうが、土地売買の噂があれば私はすぐに手土産持参で出向いた。ほかの銀行も同じようなことを考えている。だから誰よりも早く向かった。

もちろん一度で話がまとまることはない。何度も何度も通う。そうすれば顔を覚えてもらえて、情も移る。お茶でも飲んでいけと声をかけられ、やがて、酒はいけるのかと聞かれるようになる。

どんな誘いも絶対に断らなかった。喜んで家にあがり、よもやま話に花を咲かせた。飲み明かして泊まり込むこともたびたびあった。親しくなれば口座を開いてくれる。それればかりではない。隣近所の土地売買の噂も教えてくれるようになるのだ。

夜討ち朝駆けを当たり前のようにしていた。そしてそのような営業は現実に大いに成果をあげた。その後、私はいくつかの支店に異動になったが、いずれの地域でも同じように昼夜を問わず働いた。支店に大きな利益をもたらしたはずだ。

10年以上、そのように仕事を続けたことで、私は出世した。〝トントン拍子〟と表現していいほどだ。30代半ばで銀行にとって最も主要な支店の次長に就任した。

「鬼の秋山」と呼ばれる

次長になった私は何人も部下を使う立場になった。私は部下たちに自分と同じことを求めた。

毎朝、自分の目標を発表させ、目標が達成されない限り支店には帰ってくるなと言い渡し、いっせいに外回り営業に送り出した。目標を達成することは当たり前のことであり、それ以上の成果をあげてこそ銀行員である。そう信じていた。

目標に届かないことなどもってのほか。未達の部下は、夜中だろうが、明け方だろうが、追い返して、是が非でも目標を達成することを求めた。男性、女性の区別はつけなかった。

今なら考えられないことだろうが、当時の私はそれが当然のことと思っていた。私自身、そうして業績をあげてきたのだ。部下が、これ以上は無理、もうダメだと泣きついても容赦はしなかった。部下の実家へ電話をかけ、息子さんに目標を達成するように伝えてと言い放って切ったこともある。支店では「鬼の秋山」と言われた。

誰もが猛烈に働いた時代だ。実際、多くの部下たちは、泣きながらも私についてきてくれた。そこまでしたかいはあり、事実、支店の融資額や定期預金の額はどんどん伸びていった。そこでものべ60億円分の目標を達成し快進撃を続けた。最優秀店賞を2期連続で取ったほどだ。

支店としての表彰だったが、営業推進は次長である私の責任だったから、実績は自分がつくったものだと自負した。銀行の営業推進部がつくるビデオでモデルケースとして紹介されたこともある。私は得意満面だった。これだけ実績をつくったのだから、支店長の座はそう遠くないはず。

だが、待っていたのは全く違う結果だった。

ある日、支店長から言い渡されたのは戒告だった。部下のひとりの両親から、銀行の人事部門に苦情が入ったらしい。やり過ぎたのだ。冷静になればすぐに理解できるのだが、当時の私はそれがわからなかった。

自分が支店の営業部員だったころ、当然のように朝から深夜まで地域を回り、時には顧客の家で夜を明かした。次長になってからは、支店全体としての目標達成のために、私は自分の責務を果たしただけだ。果たさなければ、営業推進者会議や支店長会議で「どうしてできないんだ」「なぜ未達なのだ」とつるし上げられる。だから、私が自分の部下をしごくことは当然のこと。日本中、どこの会社でもやっているではないか。そして、成績はどこよりもあげたではないか、と私は思っていた。

だが、銀行の考えは違っていた。結局、戒告だけでは済まず、私はいったん銀行を離れなければならなくなった。大手不動産会社へトレーニーとして向かうことを言い渡されたのだ。私はその時、30代の後半に入っていた。

不動産会社へ研修に

1986年4月、私はある大手不動産会社へ研修を受けに向かった。1年がかりの予定だ。当時、私の銀行では新しく不動産部門をつくる計画が進んでおり、そのため専門知識を持つ行員を養成するのが、トレーニーの目的だった。

前年の1985年は、先進5カ国によるプラザ合意の成立した年だ。為替レートの安定化を図るものとされたが、実質的にはアメリカの対日貿易赤字の解消のため円高ドル安を誘導するものであり、事実、その後は急速に円高が進んだ。

輸出産業が大打撃を受ける恐れが生じ、慌てた政府が取ったのが大幅な金融緩和策だ。公定歩合はかつてないレベルにまで引き下げられ、日本経済にはマネーがあふれた。その金の向かった先が不動産だった。

土地やマンションがどんどん値上がりし、現金を持つ人間や企業はもちろん、お金を持たない者も銀行から借りて投資に走った。

土地を持っていれば、銀行がけしかけてマンションを建てさせ、販売した。するとそれを買ってさらに高額な値段で転売する人間が現れた。あちらで数千万、こちらで数億と儲けた話が飛び交い、みなバスに乗り遅れまいと不動産投資に駆け込んだ。バブルである。

私が研修に向かった1986年当時は、そのような動きが始まったばかりのころだが、銀行ではそれが大きな潮流になるとすでに予測していたのだろう。先駆けて流れに乗ろうと、不動産を自分たちで扱おうとしたのだ。

私が研修に出されたのも、そのような背景があったためだ。

もっとも当時の私はそこまではっきりと状況を認識していたわけではない。バブルという現象は、はじけた後で、あの時はバブルだったのだとわかるものなのだ。

とにかく銀行で新しいことが始まるらしい。それならば先頭に立って走ってみよう。

当時の日本には、かつての高度経済成長時の勢いはなかった。だが、2度の石油危機を経験しても、持ち直したではないか。何とか生き延びたではないか。だから、もう一度、急成長の時代が来てもよいではないか。みなそう信じたかったのだと思う。

たとえ一時的にあふれた金であっても、高級品が売れればそれが日本経済の実力だと思い込んだ。好景気がこのまま続くと誰もが信じたかった。私もそのひとりだったのだろう。少なくとも不動産に大きな可能性があることは信じていた。

あまりの景気のよさに不安を感じなかったわけではない。だが、ひとつは銀行から追い出された怒りで、もうひとつは急速に経済界の関心が向けられた不動産の世界で一旗揚げて見返してやろうという気持ちでいっぱいで、冷静にものごとを考えられなかったのだ。

他社に研修に出されることは初めてではなかった。入行して間もないころ、人事部研修課付の財務（研修）担当となり、当時の日本興業銀行の企業調査部に派遣されたことがある。その後には中小企業庁に1年間派遣された。これらの研修を受けたおかげで、私は、財務についての知識や技能を身につけ、地方銀行の顧客である中小企業の実情をよく知ることができた。その経験によって自信を持つことができただけでなく、実際、その後の仕事に大いに役立つこととなった。

大手不動産会社へのトレーニーも、出されるまでの経緯はいろいろあったものの、また新しい経験ができるチャンスに違いなかった。私は、不動産業界のことを徹底的に学ぶ決意を固めて向かった。

大手不動産会社の住宅事業部で半年、その後、同社のリハウス営業部に移って半年、計1年間、トレーニングを積んだ。お陰で土地の取得から、そこに住宅を建て、販売するまでの手順を現場で経験することができた。

専門の知識や経験を身につけ、宅地建物取引主任者（現在の宅地建物取引士）の免許も取得して、1年後、私は銀行に戻ることができた。いろいろあったがもう一度、やり直そう。銀行員として不動産の知識をこれほど持っているのは私ぐらいのものだ。プライドがよみがえってきた。

だが、待ち受けていたのは過酷な現実だった。

戻った時に待ち受けていたものは

銀行に戻って受け取った辞令は、コンピューターサービスの子会社への出向だった。

なぜ、コンピューターなのか。首を傾げながらも同社の社長にあいさつに出向いた。同社は銀行の本店の3階にある。子会社ではあるが、なじみの場所に戻ってきたことがうれしかった。

だが、あいさつもそこそこに社長から告げられたのは、新たな指示だった。やはり銀行の子会社の不動産会社へ行けという。

どの部署も私のことをいらないと押しつけ合っているのだろうか。私は組織からはみ出た人間になってしまったのだろうか。私は研修に出された経緯を思い出さずにはいられなかった。それでも、私は信じたかった。

この1年間しっかりと研修を受け、不動産の知識と経験を身体にたたき込んだではないか。不動産会社への出向ならば、研修で学んだことをそのまま活かせるはずだ。

相変わらずうぬぼれていたのかもしれない。

気を取り直して不動産会社に向かうと、さすがにそこからはたらい回しにはされず、不動産部長の辞令を受け取ることができた。最初の辞令を受け取って半日もしないうちに、次の辞令を受け取ったわけだが、数名の部下を持つこともできた。

会社そのものは50名ほどの小さな所帯だ。主力部門は保険部で、社員の半数がそこで働いていた。法人を相手に損害保険をはじめ、各種保険の代理店業務を行うのが保険部の仕事だ。

それに比べ、私が率いる不動産部門は弱小部隊だった。部長の私以下、部下は3名。上司はいたが会社の役員であり、実質的に部を動かすのは私を入れて4名だけだった。

主に法人相手に不動産の売買の仲介を行うのが業務と、私は考えた。

部下とも手分けして銀行の各支店を回り、売買の対象になりそうな不動産の物件を探して歩く。物件が見つかれば取引相手を探し、契約を勧める。無事、契約に至れば手数料を得ることができる。

売買の際には現金が必要になる。そうなれば各支店の出番だ。支店にとってもメリットは大きい。

銀行の支店で次長を務めていたころに比べれば、不動産部の規模はずっと小さかった。だが、新規事業とはそういうものだろう。実績をつくり、自分で大きくすればよいのだ。

何しろ私は、不動産の分野では一流の企業で、1年かけて研修を受けてきたのだ。当時、行内には宅地建物取引主任者の資格所有者は私のほかにはいなかった。何としてもこの新規事業を成功させてみせる。

不動産部の部下も同じ気持ちだったはずだ。みな20代、30代の若さだったが、私と同じように不動産会社で訓練を受けてきた者ばかりだ。自分たちが身につけてきたことをここで何としても活かす。そして業績をあげる。誰もがそう願っているはずだ。

その時私はまだ39歳。この不動産部を拠点に、再びどこまでも大きくなってやる。

我々は燃えていた。

仕事をさせてくれない稟議の壁

だが、現実は厳しかった。

我々は足を棒にして各支店を歩き回り、売りたい、買いたいという不動産の物件を見つけた。が、見つけても次の手順に移ることができなかったのだ。

社内でものごとを進める上でついて回ったのが稟議《りんぎ》だ。

例えば土地を売りたがっている人がいることを知れば、我々はすぐに出向いて実際に土地を見て査定をする。いくらで売りたいのか先方の要望を聞き、売却相手を探し、契約にまでこぎ着ける。場合によっては、会社が土地を買ってもよい。当時は、土地を買えば必ず値上がりした。しばらく寝かせて売れば必ず利益が出た。

だが、そのいずれにおいてもひとつのステップから次のステップに移る際に、必ず稟議を通さなければならなかった。扱う額の大小にかかわらず必要な手続きであり、それに多大な時間が費やされた。

私の直接の上司は役員なのだからすぐに判断をもらえそうなものだが、その上には常務が、そのまた上には専務が、さらに社長にまで稟議書が回っている間に、物件をほかの業者に取られてしまうことがたびたび起きた。

不動産の売買はスピードが命だ。これはチャンスと思われる物件があれば、すぐに判断しなければならない。そうしなければほかの業者にさらわれてしまう。そこでは銀行のやり方は通じない。だが、我々の会社の組織風土は銀行そのものだった。

ところが、そのようなことがたびたび繰り返されるうちに、これは単に会社のしくみや風土の問題ではないことがわかってきた。難しい案件はもちろんのこと、そうではないようなものにも稟議には長時間かかっている。いろいろな案件を進めるうちに、会社の上層部は、我々が進めようとしている仕事すべてに許可を下すつもりがないのではないか、という疑問が湧いてきた。

そもそも会社は我々がしようとしている仕事を認めていない。我々が仕事をする必要がないとすら考えている。私にはそう思われた。

しかも、すでに会社には、不良債権化した土地を管理する仕事もあった。親会社の銀行には、倒産した企業から担保として得た土地が県内に100カ所近くもあり、その管理を請け負うことで受け取る管理料が定期的に入っていた。

何もしなくても食べることには困らないことは、社内を見回せば明らかに思えた。役員たちは銀行を定年退職したOBたちだ。かつての私の上司もいた。彼らにとっては、銀行側が整えてくれた段取り通りに仕事が回っていてくれさえすればそれでよかった。いわば、我々不動産部のように新しい事業に取り組もうとしている人間は、平穏をかき乱す存在だったのだ。

我々は抵抗した。

言われた通りに、銀行からのリストをもとに、倒産した企業から担保として得た土地を回った。有刺鉄線が切れていればそれを直し、雑草が生えていればそれを全部引き抜いた。

命じられた仕事はすべてこなし、その上で、自分たちの新しい仕事を進めようとした。案件が入るたびに稟議書を整え、判断を待った。時間がかかれば催促した。遅いとあからさまに口にしたこともある。

だが、決して望むような対応にはならなかった。

「お前は何もやらなくていいんだ」とはっきり言われたこともある。「あなたはやる気がないのですか」と反論すると、「それが上司に向かって言う言葉か」と言い捨てられた。負けじと「上司も部下もないでしょう」と言い返して、大ゲンカになったこともある。

不動産部門の部下とともに造反まがいのこともした。勝手に案件を進め、すべてお膳立てをした上で、稟議書で判断を仰いだ。だが、「お前らにはそんな権限はない」とあっさり却下され、それまでの仕事がすべて無駄に終わった。

私も部下たちも、他社で研修を受けてきた不動産の知識やノウハウを活かして仕事がしたかった。

何のための研修だったのか。

銀行を去る決意を固める

八方塞がりの我々に追い打ちをかけるような言葉も聞こえてきた。

「だいたい、こんなところに来るヤツは」「お前ら、島流しでここに来たようなものなんだ」……。

何度かの言い争いとケンカの末、私は、もうここにはいられないと判断した。

銀行の人事部へ出向き、本体へ戻してくれと訴えた。部下たちは2年の予定で銀行に戻れるはずだという。だが、私の異動の予定はないと言われ、何度かけあっても、私が銀行に戻れる時期はいつも「未定」だった。

「お前は左遷されたのだから、その辺で遊んでいればいい」「おとなしくその辺で新聞でも読んでいろ」という銀行の子会社の役員の言葉がよみがえった。

今になって考えれば、私に至らなかったことが多々あったと反省している。

まず、我々がやろうとしていた仕事は、我々の力だけでなされるのではなかった。すべて銀行の力なしにはありえなかった。物件を見つけるのにも銀行の力を頼り、契約を成立させることもまた銀行の力によるものだった。

自分たちで実績をつくり、自分で大きくすればよい。そのように考えたこと自体、全くのうぬぼれであり、慢心だったと今では考えられる。仕事は決して個人の力ではなしえない。銀行の看板があったからこそできたのだ。

部下たちも私と同じ気持ちだったと述べたが、それも私の独りよがりだったのかもしれない。仮にそんな気持ちがあったとしても、知らず知らずに私の怒りが部下たちに伝染、浸透していったのだろう。

上層部が私たちの仕事を止めたのも、むやみに不動産部を大きくすることには危険が伴うと考えていたのかもしれない。当初は確かに不動産というビジネスには大きな将来性があるように思われていた。だが、後から考えればそれは、有り余った金が引き起こしたバブルのひとつの現象であり、長い目で見れば、銀行が不動産に深く関わること自体に、大きな問題があったように思う。

誰もがバブルの波に乗り遅れまいとしていた当時の雰囲気を考えると、そこまでの危機感を上層部が持っていたとは考えにくいが、銀行員特有の慎重さとカンで何か危ういものを感じていた可能性はある。それが〝いつまで経っても下りない稟議〟となって現れたのだろう。

「お前は左遷されたのだから」という上司の言い方は確かにひどい。だが、それも、いつも頭に血がのぼっていた当時の私との売り言葉に買い言葉の末に出てきた言葉であって、どこまで本心だったかわからない。上層部からしてみれば、暴走気味の若手を戒める意図もあったのだろう。

不動産の世界にはスピードが必要で、銀行の稟議のしくみは合わない。その点は、今でも考えを変えていないが、大金を扱う銀行として慎重にビジネスを進めるために生まれてきた稟議のしくみは、それなりに合理性のある制度である。

実際、独立して経営者となってから私は、スピードと慎重さを両立させるしくみを模索し続けたものだ。

反省すべき点は数多くあるのだが、当時の私にその自覚はなかった。仕事をした結果が失敗だったのならば、潔く受け入れる。だが、そもそも仕事ができないまま、終わることには我慢がならない。そんな気持ちでいっぱいだった。これまでの経験や知識を存分に活かして、仕事がしたかった。

私は独立を決意した。

1987年12月に有限会社アットホームセンターの設立を決心した。本社を船橋市の三山《みやま》に置くことに決め、年が明けた2月に登記を完了した。

第2章　独立、過酷な現実に立ち向かう

「アットホーム」に理想の家の想いを込めて

社名にある〝アットホーム〟とは、私の理想の家を象徴する言葉だ。温かく、くつろげて、癒やされる家……。

不動産の世界に踏み込んだのは、すでに述べたように、銀行からトレーニングのために大手の不動産会社に研修に出されたことがきっかけだ。決して私が強く望んでというわけではない。

しかし、独立した以上、この世界で骨を埋める覚悟だった。そしてその時、思い浮かんだのが、この理想の家の姿だった。

子どものころの、親子9人が狭い家で生活した時期を懐かしく思い返さないわけではないが、そのような生活を再び送りたいと思ったことはない。住むならば、広々として、ゆったりとくつろげる家に住みたいとずっとあこがれていた。

銀行員になってからはさらにその思いは強くなっていた。子どものころは、友達の家と比べてウチは貧乏なんだなと思うことはあっても、たくさんの兄弟と暮らしていれば、その生活を当たり前のこととして受け入れるものだ。だが、就職して銀行員として営業に回り始めると、定期預金口座を開いてもらうためにと営業する先は、お金のある家ばかりだ。当時は土地の売買も盛んで、広い土地を所有し、そこに大きな家を建てて暮らしている家ばかりを訪ねていた。

毎日毎日、そのような家を訪問し続けているうちに、自分もいつかはこんな家で暮らそう。広いことはもちろん、くつろげて、温かい、庭では子どもが遊んでいるような、そんな家を持ちたいという気持ちが私の中で大きく膨らんでいった。

だから、自分が長年、願っていた理想の家の姿を社名にした。以来、その想いを込めた理想の家を建てて広めることが、私の生涯をかけた目標になった。

本社を置いた三山の事務所は、私が銀行員時代に購入した一軒家の住宅だ。といっても実際に住んでいたわけではない。仕事が早朝や深夜に及んだ時、寝泊まりに使っていた仮の宿だ。こんな時に役に立とうとは思わなかった。その家は、段差のある土地に建っていて、2階の床面が、ちょうど道路の高さになっていたので、2階から出入りして、事務所として使えるように改装した。私は営業の外回りをするので、電話番の事務員もひとり雇った。この事務員こそ、今も我が社を支えてくれる副社長だ。

甘かった！　どこへ行っても門前払い

目指したのは、不動産の仲介業だった。土地や建物を売りたがっている人と、買いたがっている人の間に立って契約を成立させる。宅建の資格は持っている。売買する物件を見つけられれば、商売ができるはずだ。そう考えて、まずは扱える土地や住宅はないかと、知り合いに声をかけて回ることにした。銀行員時代のツテを辿れば農家の知り合いがごまんといる。土地を手放したがっている顔ぶれもすぐに思い浮かんだ。だが、そこへ一軒一軒あいさつに回ると、どうも様子がおかしい。

ある家では居留守を使われた。中にご主人がいるはずなのに、奥さんが取り次いでくれない。次の家も同じだった。数軒、回った後、やっと一軒の家でご主人が出てきた。そこで事情が飲み込めた。

その人は銀行員当時は兄弟よりも仲がよいと私が思っていた人だ。その人が開口一番、口にしたのは「あんた、悪いことして銀行辞めたの？　部下に暴力を振るったとか、上司にたてついたとか、何かしたんだって？」という言葉だった。開いた口が塞がらなかった。

「いや、そんなことありません」と言っても信じてくれない。ご主人はそのまま奥に引っ込んでしまった。

銀行員だったころは、銀行の看板が大いに役立った。銀行員だからみんなが信用してくれた。だが、辞めてしまえば看板は使えなくなる。それは十分覚悟していた。だが、現実は、看板が使えないどころか、どうやら銀行員の過去が大きなマイナスとして認識されているようだ。

どこへ行ってもこのような調子だった。一介の素浪人には、誰も関わり合いたくなかったらしい。不動産の取引どころか、そもそも口も聞いてくれないありさまだった。

それでも中には世間話に応じてくれる人がいた。が、話し始めて驚いた。私は、かつての会社から顧客リストを持ち出したことになっているらしい。悪いヤツだから付き合わないようにと、釘を刺されているというのだ。そのようなことは断じてしていない。あまりの誤解に言葉を失った。

歩いても、歩いても、仕事につなげることはできなかった。

夜、床につくと、絶望感で涙があふれた。独立したことは失敗だったのだろうか。上野公園の西郷さんの銅像の下で段ボールを敷いて暮らす自分の姿が目に浮かんだ。

泣きながら眠ってしまうのだが、朝は不思議と6時に目が覚めた。長年の習慣で、身体が会社に行くことを覚えているのだ。そんな自分にあきれたが、どうすることもできなかった。

半年間、干ぼしになりそうな日々が続いた。その間、貯金はどんどん減っていった。家内は私をなじるようになった。そもそも銀行を辞めることにも、独立することにも、家内は反対だった。

突然、独断で銀行を辞め、いざ独立してみても何の希望も見いだせないのだから、無理もなかった。別居することになり、貯金をすべて渡した。

貯えはゼロになった。友人に金を借りに行くと、あきれられて1万円札を投げて寄こされた。帰りの電車賃すらないのだ、しかたなく拾ってすごすご帰ってきた。惨めな日々だった。

B不動産会社に救われて

とにかく何も仕事がない。そんな日が続く中、「困った時は俺を頼れ」と言ってくれていた人がいたことを思い出した。B不動産会社（以下、B社）の役員だ。銀行時代からよく知っていて、独立する前に相談したことがあったのだ。

「四面楚歌です」「もう死にそうです」。最後の頼みの綱として訪問してありのままを話すと、「よし、俺が力を貸してやる」と胸をたたいてくれた。これほど救われた気持ちになったのは、後にも先にもこの時だけだ。

契約社員としてB社の仕事をすることになった。B社では建売住宅を販売していた。ある地区で30棟をつくり、25棟までは売れたが、5棟が売れ残っているという。それを何とか売り切れというのが最初の仕事だった。

事情を聞いて、売れない理由はすぐに推察できた。ひとつは、建設を大手の住宅メーカーに依頼しているため、そもそもの販売価格が高めなこと。もうひとつは、残った5軒も当初の価格のままで販売しようとしているためだ。

建設してからすでに1年以上が経過していた。残った5軒は中古住宅として販売するしかない。25棟はすでに販売し終え、それで全体としての利益は確保できているのだから、残りを値引いて売っても何ら問題はないはず。そう役員を説得した。

その通りにするとたちまち売り切ることができた。

大手の不動産業者なら、売れ行きによって価格を柔軟に変える発想は当然あるだろう。

また、部分的に赤字であっても、トータルで利益が出ればそれでよしとすることもよくあることだ。そうしなければ前には進めない。B社では組織の体質なのか、それができなかったのだ。

難しい仕事ではなかったが、役員は高く評価してくれた。B社にとっては大きな問題と思われていた、5棟売れ残っているという課題を、すぐに解決した私は、できる人間とみなされたのだ。

ありがたいことに、次は50区画分の土地の販売を依頼された。B社がある区画整理事業の際に手に入れた土地で、初めは大手住宅メーカーと提携して50棟の建売住宅の分譲を予定していたが、事情が変わり、土地のままで売りたいという。

私は昔のツテを思い出し、千葉市内のある不動産会社に話を持ち込んだ。50区画まとめて約6億円で売却する話でまとめることができ、B社に約1億5000万円の利益をもたらした。またまた高く評価された。

それればかりではない。私自身にも仲介手数料が入った。B社と、千葉の会社と、双方から計3600万円の手数料を得ることができた。

仕事ができることの喜びを心底から噛みしめつつ、私は同じような売買はまだまだ可能だと考え始めた。今度は自分でやってみよう、と。

ある不動産業者を通して見つけたのが、30区画の建て売りの物件だった。その売却を成功させれば仲介手数料を得ることができる。実際、大きな障害もなくひと月間で売り切ることができ、約2000万円を手にすることができた。

創業してからの半年近くは干ぼし状態、ホームレスさえ覚悟した。だが、後半になると、B社から住宅販売や土地販売のチャンスをもらい、仲介手数料を手にした。続けて行った自らのビジネスでも利益を得た。

1988年、有限会社アットホームセンターは創業1年目から堂々の黒字を達成した。実はバブルのさなかだったからできた業《わざ》だった。土地も建物も値上がりし続けるという不動産神話まっただ中だから成り立った仕事だ。時期が数年遅かったら大損する可能性もあったのだ。私は幸運に恵まれていた。しかし、私も周囲も、そのことにはまだ気づいていなかった。

仲介業に感じた限界

私は自信を取り戻した。いや、浮かれていたといってもよいかもしれない。仕事の成果を自分の実力と思い込みかけたのだが、現実はそう甘くはなかった。同じような仲介で大金を得る機会は二度と来なかった。

あってもせいぜい数棟の規模で、しかも非常に不安定な話だった。ある物件の売却を頼まれ、やっと買い手が現れたと思って急いで持ち主に連絡すると、すでに物件は売れたという答えが返ってくる。そんな繰り返しだった。

仲介はあくまで、売り手と買い手の間に立つだけの存在に過ぎない。物件を押さえているわけではないから、売り手はいくつもの業者に声をかけ、よい条件のところを選ぶことになる。

後に、業界に「センミツ」あるいは「マンカラ」という言葉があることを知った。「センミツ」とは千の物件があってもモノにできるのはせいぜい3つほどという意味。「マンカラ」とは万の物件があっても、契約に結びつくのはカラ＝ゼロという意味だ。2年目に入ると私はその通りの体験をしていたわけだ。

このまま仲介の仕事を続けても、それでは立ちゆかなくなるのは明らかだった。仲介業では限界がある。こうなったら、やはり自分が物件を所有するしかない。

売り出している土地付き分譲住宅を買い取って、それから落ち着いて売ればいい。いや、まず土地を購入し、そこに住宅を建てる。どちらも自分の資金で行う。そして買い手を探してそれを売る。つくるところから売るところまで一切を自分で行うのだ。

土地も家も自分のものだ。誰かに先を越される心配はない。安定した売上をあげられる方法に思えた。土地も建物も、値上がりが続いているならば、なのだが。

チャンスは意外にも身近に見つけることができた。B社の依頼で50区画を売り切った地区のすぐそばで、B社がさらに20区画ほどの建売住宅の分譲を行っていた。その中の7区画の住宅が売れ残っていたのだ。

例によって私に話が持ち込まれた。私の営業力（といってもバブル崩壊前の不動産神話のおかげであることはすでに述べた通りだが）で、売り切ってくれという依頼だ。

そこで私は、売れ残っていた7区画を自分ですべて買い取り、自分で売らせてほしいと申し出た。

リスクは大きいが、仲介業のもどかしさからは解放される。自分で買い手を探し、交渉も契約もすべて自分で行うことができるのだ。

問題は資金だ。土地と住宅を買い取る資金として、7区画7棟分の計1億5000万円ほどが必要だった。売り切る自信はあったが、その前にその資金を調達しなければならない。

不動産の売買を開始、資金集めに苦労

まず私が出向いたのは、かつて私が働いていた銀行だった。そこから融資を受けられればと考えた。確かに辞めた当時はいやな思いをしたが、あれから1年以上が過ぎていた。それに行内には個人的な知り合いもいる。まだ顔が利くはずと信じて向かったが、不愉快な思いをさせられることになった。

顔見知りの支店長を頼って訪ねた。以前はいっしょに酒を飲みドンチャン騒ぎを楽しんだ仲だ。当然、会ってくれるものと思ったのだが叶わなかった。

支店に顔を出すと、カウンター越しに、フロアの一番奥に彼の姿が見えた。だが、受付で名前を告げ、取り次いでもらおうとすると、しばらくして現れた受付の女性は、「留守です」と言う。

「そんなはずはないでしょう。だって、さっきいたじゃないですか」。そう言ってみるものの、返ってくる答えは「出かけている」の一点張りだった。再度、カウンター越しに奥をのぞき込むと、いつの間にか支店長の姿は消えていた。

それでも私が引き下がらないと、課長や支店長代理が出てきた。態度は非常に慇懃だ。私もできるだけ低姿勢で事情を説明した。要するに金を借りたいのだ。だが、「では、その件はいったんお預かりして回答は後日に」という言葉とともに丁重に送り出され、何日待っても連絡は来なかった。銀行が私を相手にしたくないことは明らかだった。

知り合いは彼だけではない。私の同期で支店長になっている人間はまだまだいる。親しい順に訪ねていったが、いずれも同じような冷たい対応を受けた。以前、農家を訪ねた時のことを思い出した。

またしても大きな障害が立ちはだかったのかと思いかけたが、頭を切り替え、銀行がダメならと次に出向いたのがC信用金庫だった。高校の同級生が同金庫の支店長を務めていることを思い出したのだ。

訪ねて事情を話すと、すぐに我が社が所在する地域を担当する支店の支店長を紹介してくれた。さらに幸いなことに、その支店長は偶然にも私の父の教え子だった。

トントン拍子に話が進み、その支店長はすぐに2000万円の融資を約束してくれた。その時はC信用金庫とオヤジの墓には足を向けて寝られないとつくづく思った。

しかし、それでも1億5000万円には足りない。そこで頼ったのが大学時代の同級生だ。県内に土地を持っている人間を何人か知っていた。

私はそのうちの3人を訪ねて資金の提供を要請した。私が同級生であり、もとは銀行員だったことで信用してくれたようだ。私は「必ず儲けさせる」と繰り返し説得した。

この時、もうひとり助けてくれた人間がいる。現在の我が社の副社長だ。創業当初から事務の担当として働いていた副社長は、自分の定期預金を解約して1000万円を提供してくれた。

それればかりではない。C信用金庫からの融資を受ける際の担保も提供してくれた。副社長の家では持っている土地にアパートを建てて経営していた。土地は正式には副社長の夫のものだったので、私は、副社長を通じて夫の元へ出向いて事情を説明すると、彼は快くそれを担保に入れてくれた。

こうして何とか合計1億5000万円の調達に成功した。

私は7棟分の土地と建物を手に入れ、その3カ月後には7件の土地と建物すべてを売り切った。1件あたりの利益は700万円ほどになり、7件で5000万円ほどの利益になった。

資金を提供してくれた人たちには元金にプラスして配当を支払った。喜ばれたのは言うまでもない。ここに、土地も建物も自分で購入して、自分で販売するという、ひとつの私のビジネスの形ができあがった。

将来性のある八千代に移転、事業は軌道に

土地・建物を販売する自信を得た。ネックになる資金についても、C信用金庫が今後も支援してくれる見込みがついた。

リスクを背負うことになるが、売買のすべてが自分の裁量である。よい環境によい家を建てて提供する。私は夢に向け、一歩前進した。もちろん利益も仲介とは桁違いだ。

この形のビジネスは必ず成功するという自信とともに、創業3年目の1990年春、私は拠点を八千代市に移すことにした。アルバイトも入れて全部で5人体制とし、建てたばかりの真新しいビルのオフィスで、この建売住宅販売の仕事を本格化させることにした。本社として自社ビルを持てたうれしさはたいへんなものだった。

当時、八千代市を中心に建設が進んでいたのが、市の南側を東西に横切る東葉高速鉄道である。西船橋と東葉勝田台を結ぶわずか16・2kmの鉄道だが、西船橋からは東京地下鉄東西線が延伸して、東京都心へダイレクトに通じる。路線周辺は都心へ通勤する人たちのベッドタウンとして発展することは間違いなかった。将来性のある八千代市に本

社を移し、本格的な住宅の開発を始めようという計画だった。

もっとも八千代に移ったばかりのころは、1区画、2区画の土地を購入して、その上に住宅を建設して販売するということを繰り返していた。それまであちこちに声をかけておいたことが実を結び、土地を手に入れることができたからだ。

広範囲に声をかけていたので、八千代に限らず遠方の土地が手に入った。やがて購入する土地が広くなり、開発単位も大きくなっていくのだが、それに大きく寄与したのがM工務店だった。八千代に本社ビルを建てたころから取引が始まり、やがて本格化していった。

M工務店は、社名に工務店とついているが実際に行っていた業務は不動産の売買だっ

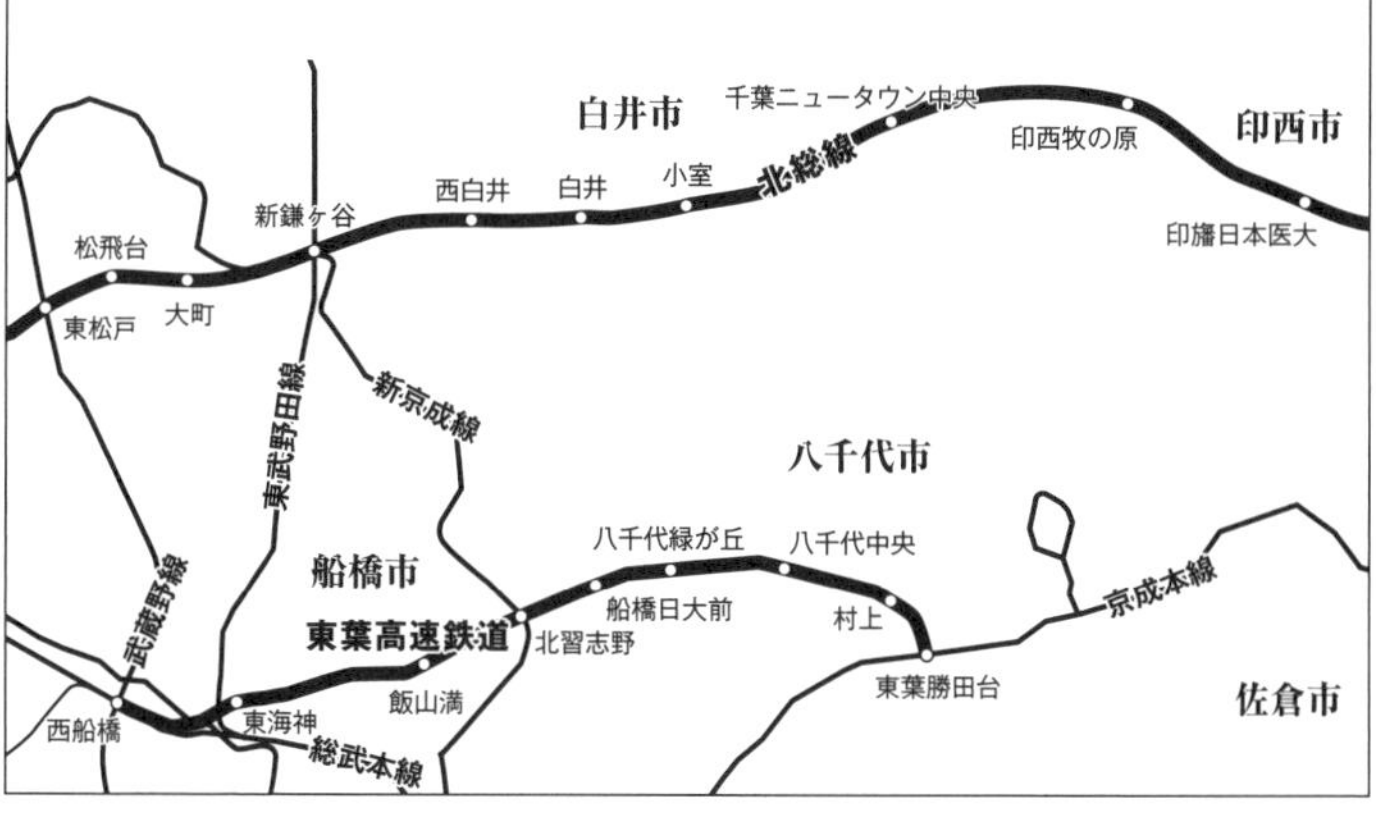

八千代市周辺の鉄道路線

た。我々のような業者から土地も建物もまとめて購入し、企業や個人に転売して利益を得るビジネスをしていた。

バブルの影響で都心近くになればなるほど土地も建物も暴騰していた。売買に関わっていたのはいわゆる投資家だ。購入して高くなるのを待って売却して利益を得る。そのため、本当に家を求めている人には、手の届かないような額になっていた。

我々がやろうとしていたのは、本当に家が欲しい人に適正な価格で家を提供することだった。都心から離れた土地ならば、それが可能だった。といっても、現実に家を求める人と土地をマッチングさせることは難しい。特に我々に土地勘のない遠方ならばなおさらだった。

その点、県内の各地域に営業所を配置していたM工務店ならば頼りにできた。同社は県内でも特に北部、印西市や佐倉市から成田市、さらに銚子市までの北総地域に強い会社だった。

家はつくれば売れていった。これもまたバブルのなせる業だ。

我々がねらっていた八千代市内はもちろん、都心から離れた八街《やちまた》市や成田市、芝山町などでもつくれば売れる状態が続いた。M工務店との付き合いは続き、売買した土地と住宅はのべ150区画ほどに及んだ。

もっとも状況は決して我々の予想通りに進んだわけではなかった。あてにしていた東葉高速鉄道の開通が、いろいろな事情があって遅れ、結局、1996年に延びてしまった。これにより、一時は、それほどここに住みたいと思う人は現れないだろうと覚悟した。

しかし、長い目で見れば、八千代市の人口は順調に増加し、予想通り、都心のベッドタウンとして発展することになり、我が社は現在も八千代市を中心に開発を続けている。東葉高速鉄道の開通が遅れても、土地や家は売れた。単に金目当ての人も、本当に家が欲しい人も、「今買わなければ」という雰囲気に飲み込まれていったのだろう。それほどバブルの影響は大きかった。

バブル崩壊の時期については諸説あり、最も早いのが、1989年末。日経平均株価が3万9000円近くに達し、その後、暴落に転じた時期からとなっている。株価が気になる経営者や株主、金融関係者は慌て始めたのだが、一般庶民にとってまだまだ危機感は薄く、不動産関係者も同様だった。特に土地は何があっても値上がりし続けるという不動産神話は、その時も固く信じられていたように思う。

我が社が八千代に移った1990年の春も、まだまだ巷では好景気に浮かれていた。株の値下がりも一時的なこと、持ち直すに違いないと楽観的に考える人たちが多かった。

だが、危機はすぐそこに迫っていた。

見え始めたバブルのほころび

１９９０年も半ばを過ぎると、ほころびが見えてきた。地価が下がり始めたという話があちこちから入り始め、順調に見えたＭ工務店との取引もうまくいかなくなっていったのだ。

表向き、Ｍ工務店の経営は順風満帆そのものに見えた。千葉県内で拡大を続け、営業に従事する社員は２００人を超えていたと思う。県内の不動産の売買では右に出るものはなく、千葉県で一世を風靡したと表現してもよかった。だが、そんなＭ工務店の様子がおかしくなってきたのだ。

まず我が社への支払いが遅れ気味になった。

我々が提供した土地と建物の代金の支払日は毎月10日と定めていたが、やがてそれが月末に延び、さらに延期が繰り返されるようになった。

売買直後に支払われていた手付金の額も減らされるようになった。初めは総額の２〜

3割ほどだったが、やがて1割を切るようになり、最後には数%になってしまった。

こちらはどんどん土地を買い、どんどん住宅を建てている。買ってもらうあてがあるからできるビジネスであり、その頼りの綱が危うくなってはビジネスが土台ごと崩れてしまう。

M工務店のおかしな様子はその後も続いた。私は一度、同社に乗り込んだことがある。社長と直に話をしたが、事業は順調、資金繰りに苦労しているだけと煙に巻かれるだけだった。それ以上、突っ込みようがなかった。

だが、そのうちさらに悪い噂が耳に入ってきた。支払いの件で我が社の副社長もM工務店をたびたび訪ねていたのだが、ある時、同社を訪問すると、住宅ローンを扱う金融機関の担当者がおり、名刺交換したというのだ。M工務店は、どうやらその会社から資金を借り入れているらしい。

同社がかなり追い込まれているとピンと来た。

M工務店は、資金繰りは大丈夫だと安心させるために、副社長と住宅ローン会社の担当者とを引き合わせたのかもしれない。だが、M工務店は曲がりなりにも千葉県で有数の不動産会社だ。一般の金融機関と取引がないわけがない。高金利の住宅ローン会社から借りざるをえないのは、一般の金融機関から資金調達ができなくなったためだろう。

このように個人向けの住宅ローンを専門に扱う会社は当時、全国にいくつか存在し、住宅金融専門会社（住専）と呼ばれていた。バブル崩壊後、これら住専は多くの不良債権を抱えて社会問題化するのだが、それはまだ少し先のことだった。

だが、業界内部ではすでにほころびは修復できないところまで来ていたのだ。後から考えれば、私と副社長は、窮地に陥り、ワラにもすがろうと怪しい金融取引に手を出そうとしていた企業を目の当たりにしていたわけだ。

私はかつて働いていた銀行に出向くことにした。過去のいやな記憶がよみがえったが、幸い我が社の事業は順調で、創業以来、黒字が続いていた。さすがにもう私を避けるようなことはしないだろう。第一、金を借りに行くわけではない。

顔なじみの支店長に会うことができ、「あそこは危ないのか？」と単刀直入に質問した。支店長は否定も肯定もしなかった。銀行が他社の内情を漏らすわけがない。だが、彼の表情を見て、これは本当にマズいのだと私は直感した。

M工務店とはすぐに取引を中止することにした。新規の物件の売買は一切行わないことにしたのだ。問題は、売り渡したものの、支払いが滞っている案件だった。10区画10棟分の請求が残ったままだった。何とかそれを回収しなければならない。

登記はすでに移っており、M工務店の持ち物になっている。同社に乗り込み社長と直談判をして、登記をもとに戻した。これでM工務店との取引はケリがついた。

それでも問題は残った。取り戻した土地と住宅10棟をどうすればよいのか。我が社で新たに買い手を探さなければならない。

こうなったら一般の個人へ直接、販売しよう。

売価を原価ギリギリまで下げて、住宅情報を扱う週刊誌に情報を掲載すると、期待通り反応があった。現地を見たいという顧客の要望に、私は副社長と手分けして案内に駆け回った。

それにしても、個人へ直接、不動産を販売することがいかにたいへんなことか。

売り先が業者から個人に変わっただけで、多くの煩雑な手続きがついて回った。

最も苦労したのが住宅ローンの手続きだ。こちらが少しでもわからない素振りを見せれば、顧客は不安に思う。私は銀行員として似たような対応の経験はあったが、副社長のほうはたいへんだったはずだ。だが、副社長は一度もやったことのない仕事をさもベテランのようにこなした。

ひと月ほど胃の痛むような日々を耐え、10棟すべてを売り切ることができた。ほとんど原価なので儲けはない。あえていえば、M工務店から差し押さえた手付金分がかろうじてプラスになった。

大混乱のさなか、事業をいったん休止

そのころになると、すでにM工務店に限らず、業界全体がおかしくなりつつあった。値上がりし続けていた土地は明らかに下落に転じていた。住宅建設を依頼していた工務店（こちらは本当に建設をする会社）が、ある日、夜逃げしてしまったこともあった。この件については後に詳しく述べる。

日本銀行は公定歩合を引き上げ、バブルの締め付けに入っていた。もともとバブルは、日銀が１９８５年末から１９８７年初めにかけて公定歩合を引き下げたことをきっかけに引き起こされたものだ。低金利を嫌って市場にあふれたマネーがいっきに不動産投資に向けられたのだ。それを急に締め付ければどうなるか。暴走列車に急ブレーキをかけるようなものだ。大混乱は避けられない。M工務店の行き詰まりも、住宅建設を依頼していた工務店の夜逃げも、混乱のほんの前触れに過ぎなかった。

これまでは我が社は何とか危機を回避してきた。だが、後に「バブル崩壊」と呼ばれるこの混乱の影響はさらに大きくなって間違いなく我が社にも及ぶだろうと、私は予感

した。

次に私が決断したのが、金融機関からの借金を清算することだった。

これまでは借金を重ねても、土地と住宅が値上がりし続ければそれらの売買の利益は大きく、返済はたやすく、利子を払って十分おつりが来た。だが、これからはどうなるかわからない。不動産神話は崩れ、土地も建物も下落。土地を持っていても、全く売れない時代がやってきてもおかしくはない。その時、膨大な借金を抱えていることほど怖いことはない。

私は手持ちの土地や建物などの物件をすべて売り払うことにした。

１９９１年半ばになると地価は下落どころか暴落の領域に入っていた。それに伴い、不動産業界の大型倒産の噂が次々と耳に入ってきていた。そのうちまた反転して土地も建物も値上がりするだろうという楽観的な見方がなかったわけではない。景気は再び回復し、またまた夢の世界を享受できるというおめでたい人間はいた。だが、私はすでにすべてを売り払い、現金のみを持っていた。

それればかりでなく私は事業活動そのものをいったん休止することにした。

バブルが崩壊したことは明らかだった。土地や建物の価格の下落はもはや止めようもなかった。現実に不動産会社や建設会社がバタバタと倒産し始めていた。つい先日まで好景気に沸いていた業界は、突然、足下から崩れ始めたのだ。自分が土地や建物を持っていれば、全くの無価値になるところだった。借金があれば、返済の目処も立たなかっただろう。

だが、そうなる前にどちらも清算した。そして、手元には3億円の現金が残った。幸いにも、寸前のところでまたしても私は危機を脱することができたのだ。

慎重だったのは銀行員の経験があったから

後日、この経過を聞いて、危機をチャンスに変えた経営者と評価してもらうことがある。しかし、これは褒め過ぎだろう。ついていただけとしか思えない。

創業の年、多少の障害があっても事業を広げられたのは、バブルの勢いがあったからだ。そしていち早く危機を回避できたのは、臆病なほど慎重だったからに過ぎない。そういう意味では、銀行員としての経験があったからと認めざるをえない。

M工務店が住宅ローンサービス会社から資金を調達していると知って、相当、危ないと判断できたのは、確かに銀行員としての経験による。健全な経営をしている会社ならば、一般の金融機関から借りることができるだろう。だが、住宅ローン会社から調達しているとなると、銀行が見放したに違いない。経営は相当、悪化していたのだ。事実、M工務店はその後、倒産した。

1円の間違いも許さないのが銀行であり、その厳格さ、臆病なくらいの慎重さは、今も私の中に引き継がれている。

我が社が急拡大を避けたこともプラスに働いた。業界がバブルに沸き、どの会社も事業規模をどんどん広げていった時も、従業員は私以下4～5名の体制を守った。それ以上に大きくしても、自分で制御できなくなることがわかっていたからだ。この身軽さにより、バブル崩壊の危機を乗り越えられた面は確かにある。

M工務店との取引をやめる判断も、土地も建物も手放して手元に現金だけを残すという決断も、私ひとりで決めて、すぐに実行に移せた。

現金にこだわったのは、銀行時代の教訓だ。

創業以来、とにかく現金を貯めることにこだわった。自分たちの給料は最低限に抑え、可能な限り節約した。酒の付き合いも一切断った。一日一食で済ませたこともある。何が何でも現金を貯めるぞと決意した結果だ。

これは、創業時に金がなくて苦しい思いをしたことももちろん深く関係しているが、それよりも銀行員時代、いざという時、モノを言うのが現金だという教訓が私に刷り込まれていたことが大きい。土地や建物を購入して販売するというビジネスのパターンができると、案の定、現金ほど大事なものはないと身に染みた。現金がなければ見向きもされない。逆にお金があれば誰かが振り向いてくれる。

嵐が到来すると予感して、一切の借金を返済し、所有していた土地や建物を売り払って手元に現金だけを残したのは、そんな教訓に基づいてのことだった。

この嵐がいつやむのかはわからない。混乱は当分収まらないだろう。そしてその間、犠牲者は増え続けるに違いない。

この3年間、十分に働いたではないか。事業は休止しよう。いや、このまま会社を畳んでも構わないではないか。そうとさえ思った。

もうやめよう。そう本当に口に出した時、猛反対したのが副社長だった。

戦友・副社長に叱咤激励されて

ここで、副社長のことについて触れておきたい。女性だが私の戦友と呼べる人物だ。

創業して船橋市の三山に本社を構えた時、私は営業として走り回るつもりだった。どんどん仕事を取って、どんどんこなすと……。現実には、半年間何も仕事がなくて悲嘆にくれることになるのだが、とにかくそのつもりで毎日、出勤した。本社で電話番をして、あとは書類整理など事務仕事をしてもらえる人が必要と考え、思い出したのが、銀行に勤めていたころに知り合ったご家族だった。

私が銀行で最初に配属された支店で営業に駆け回っていたころ、たびたびお邪魔していたお宅だ。当時、私は営業に燃え、夜討ち朝駆けを当然のように、土地を持つ人を訪問していた。土地を持っているそのお宅は、私にとって大事な営業先だったが、そればかりではなく、ご主人は建設会社に勤めるサラリーマンだったということもあり、私とは何かと話が合った。いつしか友人として付き合うようになっていた。よもやま話から、奥さんが市役所でパートとして事務をしているとのこと。私が創業したのは、それから20年近く経ってからのことで、奥さんが仕事をしていた話ははるか昔のことだったのだが、ほかにはあてのない私はとにかくその家を訪ねてみることにした。

ほかの人たちと違ってご主人と奥さんは驚きながらも私を温かく迎えてくれた。家にあがり、ひとしきり昔話に花を咲かせた後、思いきって奥さんに事務を手伝ってほしいと切り出したところ、二つ返事で引き受けてくれた。それが現在の我が社の副社長だ。

最初は依頼通り、事務仕事をしてもらった。というより、創業間もないころはたいした仕事もなく、私の話し相手をしてくれていたといったほうが正確かもしれない。

銀行でいかに苦しい日々を過ごしたか。そして、独立した以上、必ず見返してやると、私は口だけは勇ましかった。内心、仕事がないことに焦り、銀行を辞めたことを後悔する日もあったのだが、それに気づいていたのかいなかったのか、とにかく彼女は黙って私の話を聞いてくれた。

そのうち、B社から紹介された仕事を行うようになり、さらにそこから仕事が発展していくと、彼女の役割は大きくなっていった。

最初に、副社長の事業に対する熱意が本物と思えたのは、私が仲介業に限界を感じ、自分で物件を売買しようとした時のことだ。

B社が開発し、売れ残っていた7区画7棟の土地と住宅を私は買い取る決心をした。自分で購入し、自分の手で販売をする。だが、そのためには資金が必要だった。

その時、知り合いの農家をあたってくれたのが副社長だった。地元には農家の知り合いは多く、その中に資金の提供者がきっといると期待したのだ。

前述のように、資金の大部分は私の友人からと、C信用金庫からの融資でまかなえることになったのだが、一部を副社長も提供してくれた。さらに、C信用金庫から融資を受ける際、副社長のご主人が所有していたアパートを担保として提供もしてくれた。

すでにその時、一スタッフの領域をとっくに超え、私とともに事業を進めるパートナーになっていた。肩書きはどうであれ、私はそう考えていた。

2人で仕上げの清掃に明け暮れた日々

無事に7区画の土地と住宅の売買を終え、その後、自ら土地を買い、その上に建売住宅を建てて売るというビジネスが定着し、我が社の主要な事業になっていくのだが、そこでも副社長は本領を発揮した。

建売住宅の建設と販売を始めた当時は、わからないこと、見落としていることが数多くあった。建売住宅が完成した後の瓦礫の撤去もそのひとつだった。

住宅は工務店に依頼して建ててもらったが、工務店は住宅を建てればそれで自分たちの仕事は終わりと考えていた。事実、その後はさっさと帰ってしまい、私たちに支払いを求めるだけだった。

だが、できあがったばかりの家を訪ねれば、それだけでは済まないことはすぐにわかった。ピカピカの新しい家の周りには、建設途中で出たゴミが山積みになっていたからだ。

木材の破片はもちろん、錆びた釘やネジ類、それらを入れていた木箱、土台のコンクリートを打つ時に使ったのだろう、汚れた合板など、大小ありとあらゆるものが泥にまみれて残されていた。

工務店はそれらの処分まではしてくれなかった。そこで、我々が自ら動かなければならなくなった。

私と副社長は作業服とゴム長靴を調達して身につけ、2tトラックをレンタルして現場に向かった。そして、2人で片っ端から廃棄物を荷台に放り込んでいった。土に埋もれたものが多く、それを掘り返すためのシャベルやツルハシは必須だった。ほじくり出したゴミの山を捨て場まで運んでいくのももちろん自分たちで行った。毎回、トラックで3～4往復はしただろう。

こうして、建売住宅の建設が済むたびに、必ず2人で産業廃棄物の後片付けに明け暮れることになった。家の周りをすっかりきれいにした後は、家の中の掃除も残っていた。見た目は確かに新築でピカピカだが、床面にはうっすらとかんなくずがホコリのようにたまっている。大工作業で出入りした時のものだろう、土ぼこりも重なっていた。

それらを隅から隅まで掃除して取り除き、最後はポリッシャーで床のワックスがけもした。モップがグルグル回って床を磨く機械だ。これらの機械、道具類はレンタルして持ち込んだ。

家も庭もきれいにして、それで終わりではない。地盤や基礎に問題はなくても「盛り土が不足」と指導されたこともある。そういう時は、さっそく作業に取りかかった。やるのはやはり自分たちだ。土を買ってきて、それを一輪車で運び入れた。そこから先はやったことがないので、市役所の建設指導課にやり方を教えてもらい、土を盛って固めた。建売分譲を始めた当初のことである。以後はすべて専門家が工事を行っている。

瓦礫の撤去も仕上げの掃除も外注は可能だ。だが、それではお金がかかる。当時は少しでも出費を減らしたかった。そして手元に現金を残しておきたかった。だからすべてを自分たちで行うことにしたのだ。

力仕事で、土まみれ、泥まみれになる、文字通りの土木作業。こんなたいへんな仕事に対して、副社長は不平ひとつ言わずにやり遂げてくれた……わけではなかった。「騙された」「こんなはずじゃなかった」「どうして私がここまでやらなきゃいけないの」。2人で現場に繰り出すたびに、こう言い続けた。単なる不平不満の言葉ではなかった。どうして自分たちでここまでやらなければいけないのか。私自身がそう思っており、それを代弁する言葉でもあった。

このような仕事が1年も続いただろうか。黙々とがまん強く仕事をするのではなく、悪態をつきつき、それでも作業をやめない副社長がいたから、続けられたのだと思う。何もかも業者に発注していたのでは我々が目指す「高品質の住宅を安く」を実現できない。そのためには、自分たちでやるしかないのか。その不満は、やがて業界で誰がどのように儲けているのか、という疑問に変わっていった。

後に我々が始める分離発注へとつながる最初の手がかりともいえる疑問なのだが、この時はまだ口にしていた我々自身、そのことに気づいてはいなかった。ただ、絶対にこんな境遇から抜け出してやる、という怒りとともに肉体労働に従事していたのだ。

副社長とともに行ったのは土木作業ばかりではなかった。

M工務店との取引を打ち切り、手元に10棟分の土地と建物が残った時、自分たちで直接、一般の個人に売らざるをえなくなり、住宅情報関連の週刊誌に出稿すると、問い合わせが相次いだので、副社長に対応してもらうほかなかった。我が社を訪ねてくる人たちを現地まで案内して、いかに価値があるのかを説明する。全く初めての経験だった。

契約にまでこぎ着けた後は、一度もやったことのない住宅ローンの手続きに四苦八苦した。そうして2人で10棟を売り切ることができたのだ。

悪態もつくが、副社長はやめなかった。一度もやったこともない仕事に立ち向かい、そのたびに新しい才能を開花させていった。なかでも営業の才能は群を抜くものがあり、後に公的機関から広大な土地を取得して住宅開発を行うようになると、その土地の売買の交渉でも、副社長は粘り強く、難しいやりとりをこなしていった。

話をバブル崩壊後に戻そう。業界全体を揺るがし始めたバブル崩壊の多大な影響をいち早く感じ取り、私は借金を清算し、所有していた土地や建物をすべて処分した。そして手元に現金3億円だけを残した。

その時、私の脳裏をよぎったのが、「これだけあれば良いではないか」という考えだった。会社を畳んで仕事をやめよう。バブル崩壊でこれからどうなるかわからない業界を抜け出そう。3億円を山分けする。贅沢をしなければ余生をのんびりと暮らせる。

だが、それに猛反対したのが副社長だった。「話が違う」と副社長は言った。これまでも何度か聞いた言葉だったが、この時は迫力が違った。

「昔、社長が言っていた言葉は何だったの」、「見返してやるんじゃなかったの?」、「男としてだらしない」。矢継ぎ早に出てくる私への非難に返す言葉がなかった。

私は銀行を辞めた経緯をあらいざらい副社長に話し、機会さえあれば「いつか見返してやる」と言い続けていた。それが3億を手にしたとたん、考えを変えたのだ。責められて当然だった。

副社長は、すでにこの時、自らがこの会社を引っ張っていると自覚する経営者だったのだ。だから、つらい土木作業も営業の仕事も、すべてに耐えられた。

私はバブルの崩壊で弱気になっていたのかもしれない。それに副社長は喝を入れてくれた。

私は再びやる気を取り戻した。もう一度、やり直そう。そう心に決めた。

第3章　分離発注で躍進、見いだした活路

きっかけは工務店の夜逃げ

1991年春、我々は千葉市の幕張本郷（現・花見川区内）に本社を移して再出発を図った。

いざ仕事を再開してみると、仕事をいったんゼロに戻したことが大いに役に立った。主要取引先だったM工務店との仕事を打ち切り、土地も建物もすっかり手放した。やり過ぎたようにも思えたが、この決断が、バブル崩壊を的確な判断で乗り切った、とC信用金庫から高く評価されることになったのだ。

ほかが悪過ぎたということもあっただろう。暴落して売るに売れない土地と建物を大量に所有している会社が多数あった。借金を返すあてが全くなく、座して待つだけの企業があまりにも多過ぎた。ただゼロに戻しただけだった我が社が、周囲のひど過ぎる状況と比べればまともに見えたのだ。

それに、たいへんな時期を経験して、我が社にひとつの武器ができた。自分たちで土地を購入し、自分たちで住宅を建てる。ここまではバブル時代も行っていたことだが、それに加え、自分たちでその土地と建物を、直接、顧客に販売する、という領域に踏み込んだのだ。

M工務店との仕事を打ち切って手元に残った10棟を自ら販売しなければならなかったために始めたことだったが、この新しい領域の事業は、C信用金庫の信用を得たことで、いっきに加速することになった。

もうひとつ、バブル崩壊が我が社にもたらしたことがあった。分離発注である。

我々が再出発をした年に、M工務店が倒産したが、実はもう1社、怪しい動きをしていた会社があった。住宅の建設を依頼していた工務店、E建設だ。怪しいという表現では済まない。ある日、夜逃げしてしまったのだ。

再出発したころは、私たちは恐る恐るという表現がふさわしいほど慎重だった。土地を購入して、建物を建て、それを販売するというこれまでの方法を踏襲した。それも最初は1棟、2棟から始め、それを3棟、4棟に増やし、少しずつ規模を広げていった。

その住宅建設を担ったのがE建設だ。我が社が購入した土地の上に、住宅を建てていくのが仕事だ。着実に販売棟数が増え、手応えを感じていた矢先に、E建設が突然、姿を消したのだ。バブル崩壊の余波はまだまだ続いていた。

これには困り果てた。やりかけの仕事が多数残っていたからだ。何とか切り抜けなければならない。住宅建設を引き継いでくれそうな工務店をあちこちあたったが、そう簡単には見つけられなかった。というよりも本当に依頼して大丈夫なのか、自信を持てなかったと言ったほうがいいかもしれない。頼んでもまた同じようなことになってしまうのではないかと、建設業界全体を信用できなかったのだ。

そのような中、我々よりももっと困っている人たちがいることがわかった。E建設から依頼を受け、実際に住宅建設に携わっていた大工や左官、基礎工事や水道工事を専門に担う職人たちだ。彼らはいっせいに仕事を失うことになった。

我が社の場合、E建設への支払いは幸いにまだ済んでいなかったため、やりかけの仕事を引き継いでくれる工務店がほかに見つかりさえすれば何とかなるかもしれないが、彼らの問題は深刻だった。E建設が姿を消してしまった以上、やりかけた仕事について支払いの目処は全く立たず、今後もどこで仕事を見つければよいのか、行き場すらなかったのだ。そんな彼らがやってきたのが我が社だった。

初めは、ただでさえ問題山積の中、この上、またやっかいな問題を抱えなければならないのかと正直、ため息の漏れる思いだったが、意外なところに活路を見つけることができた。

彼らの言い分はこうだ。

E建設からまだ工事代金を受け取っていない。自分たちはつくりかけの家をつくり続ける。だからアットホームセンターが直接、職人たちに支払えというのだ。

業界の常識からすれば、考えられない提案だった。建設業界では下請け、孫請けの系列があり、それを飛び越して仕事をすることはタブー視されていたからだ。

だが、彼らの理屈は通っている。提案通りにすれば、建設中の住宅は途中で放棄されずに建設を続けることができる。我が社は新しい工務店を探す必要もなく、仕事を続けられる。職人たちは収入の道を閉ざされずに済む。我が社にとっても職人たちにとっても、最も現実的な解決策だった。

業界の掟にかまっているどころではなかった。

職人たちと結ばれた絆が新たな展開へ

土地の購入と住宅建設を自前で行い、それを販売する。これが、我が社のつくりあげてきたビジネスだ。しかし、自前で住宅建設するといっても、実際の建設は専門の工務店に依頼していたのが実態だ。こちらから要望は出すものの、具体的な設計や建設、そのための資材調達などはすべて任せ切っていた。つまり、住宅づくりについては〝丸投げ〟していたわけだ。

実は、私は漠然とそこに限界を感じていた。

〝丸投げ〟ならば、価格もほぼ工務店の言い値をのまなければならなかった。創業当時は、工務店から仕事は住宅建設だけで、後片付けは自分の仕事ではないと言われれば、そうですかと認めざるをえず、副社長とともに新築の住宅におもむき、瓦礫の撤去をしたり、家の掃除をしたり、土木作業に明け暮れた時期があった。その時、なぜ、ここまで我々がしなければならないのかと考えたものだ。その「なぜ」の理由がこの時、はっきりとわかった。建設側に主導権を奪われているからだ、と。

職人たちの提案は、それをくつがえすチャンスだった。

私にとってブラックボックスだった建設部分を工程や専門ごとに分解していき、自分たちの手で建設事業を行う。さっそく職人たちとともに住宅建設を再開することに決め、押しかけて来た職人たち――個人もいたし、会社組織にしているところもあった――と、我が社が直接、契約した。

職人たちは喜び、みな仕事を得るだけでもありがたかったのだろう、支払いに関しての無理な要望は来なかった。むしろ、我が社の現金による支払い方法が非常に好意的に受け止められた。業界では手形で払うことが珍しくなかったのだ。

職人たちと契約を結ぶ一方で、建設に必要な資材類を我が社で調達することにした。付き合いのあった業者を通じて、住宅の基礎に使うコンクリートをはじめ、木材、断熱材、窓のサッシ、釘、ネジに至るまで、すべてを我が社で購入することにした。私は、またしてもわからないことだらけの領域に足を踏み入れることになった。資材購入の専門会社の社長を訪ねて方法を聞いた。材木店に行って、住宅のどの部分にどんな木材を使うのか、極めて基本的なことから聞いて回った。建設現場にも顔を出し、大工や左官に仕事の進め方をひとつひとつ教えてもらった。

バブル崩壊の前だったならば、どこへ行っても相手にしてもらえなかっただろう。自分たちのテリトリーに手を出そうという人間を歓迎するはずはない。門前払いされていたはずだ。

だが、時代は大きく変わっていた。バブル崩壊による厳しい状況にあって、誰もが生きる道を探していた。そうしなければ本当に死んでしまう。業界の常識や掟、古い慣習、テリトリーにこだわっている場合ではなかったのだ。誰にとってもたいへんな厄災だったバブル崩壊だったが、それはある意味で、プラスに働いた一面と言えるかもしれない。

建築協力会「秋栄会」を立ち上げ

災いは一転して、我が社が独自に「分離発注」を推し進めるきっかけとなった。

住宅建設のプロセスは、設計、専門工事会社、現場の職人による作業によって進む。大手建設会社はこれらを一括して受注し、下請け事業者に発注していく。コスト面も含めて、これらをコントロールする方式が分離発注である。

我が社は住宅建設を建設会社に一括発注せず、我が社が分離発注を行うことにしたのだ。やむにやまれず始めたことだが、そうなれば、自前の住宅建設は本物となり、建設の細かいところまで踏み込むことができる。もちろんコストダウンも可能だろう。

むろん、いっせいに何もかもガラリと変えたわけではない。部分的に分離発注を導入し、徐々に新しいことを取り入れながら、社内の体制も変え、整えていった。

まず、住宅建設を自前でやるために不可欠な設計の専門家、建設費用はいくらかかるのか積算できる専門家を採用した。思えば数年後に、我が社では、顧客の要望通りに住宅を設計する「フリープラン」を始めるのだが、この体制ができていたから、すぐに実行可能だった。

フリープランについては後述するとして、社内も社外も少しずつ新しい分離発注になじんでいった。それに伴い分離発注がもたらすメリットも明らかになっていった。

分離発注と言っても、いろいろな段階がありひと口では言えないのだが、きわめておおざっぱに言えば、坪あたり10万円ものコストダウンが可能なことが明らかになった。1棟の住宅の床面積を30坪とすると、1棟あたりざっと300万円ものコストダウンが実現することになる。

たいへんな成果だった。

住宅建設を自前で行う体制を整えたことで、より質の高い住宅建設に対応できるようになった。これが、やがて我が社が掲げる「高品質の住宅を安く」の方針の確かな裏付けになっていく。

不動産仲介業から始まった我が社の仕事は、土地と建物の売買に広がり、さらに分離発注による自前の住宅建設へと発展した。1996年の販売棟数は40棟ほどにまで増えていた。C信用金庫の後押しがあったこと、同業者がどこもバブル崩壊の影響で本来の勢いをなくしていたことにより、我が社に仕事が集まってきたという事情もあったが、分離発注を行う体制が整ってきたことも大きい。以来20年余の今日まで、分離発注は我が社の住宅開発に欠かせない力になっている。

当初は直接、契約した職人たちは数十人程度、資材・設備等を仕入れるために取引した会社は数社に過ぎなかった。それらの中のC社、S社の社長が代表となり、1997年に立ち上げたのが「秋栄会」だ。この年は、アットホームセンターが増資して株式会社に改組した年でもある。秋山とともに栄えようという会だったが、それから20年経った現在、秋栄会のメンバーは150社にまで増え、我が社を中心とする住宅開発のためのグループを形成している。

メンバーの顔ぶれを見ると、工務店や建設会社はもちろん、資材調達のための専門会社、かつての職人たちが起業した塗装、

ゴルフの後の親睦会に集まった秋栄会の面々

左官、板金などの専門会社が並ぶ。ほかにもクロス専門の会社やタイル専門の会社、基礎屋と呼ばれる、住宅の基礎工事を専門に行う会社。さらに２０００年代後半からは、土地を造成する会社も加わった。

大手ゼネコンなど、造成も建設も何もかもひとつの会社でやってしまう大企業が存在する。だが、それによって建設現場で高い効率が実現してきたかというと、疑問だ。フタを開けてみれば、下請け、孫請け、何重にもわたる系列会社が存在し、その間で中抜きが行われてきた。効率的どころか、住宅を購入する人は、何重もの上乗せ分を含む価格を支払わされるはめになっているのではないか。

とはいっても、業界の構造をガラリと変えることは簡単なことではない。大手ゼネコンが下請け、孫請けの系列を維持できるのは、建設の主導権を握っているからだ。営業して案件を配分するのは常に大手ゼネコンであり、実際の仕事は建設会社に発注される。その下には現場を受け持つ下請け、孫請けの会社がたくさんある。建設業界に存在しているこのような力関係をすっかり変えてしまわなければ、合理的なしくみは実現しない。

そこで秋栄会は、建設を中心にするのではなく、業種に関係なく、どのような業種もみな同列に位置づけるようにした。秋栄会の会長には、工務店や建設会社の代表がなることもあるが、左官や塗装、板金の会社の社長が務める年もある。

また、何か意見がある時は、私に直接、相談するしくみにした。系列ができてしまうと、その中で不都合な意見はもみ消されてしまうだろう。秋栄会では、何か問題があればすぐに私のもとまで届けられる。

独立して活動している企業が、こうして集まるメリットはいくつかある。例えば住宅を建てる際、土地を掘り返してコンクリートを打つ基礎工事を行う。その時には必ず土砂が出る。いったんは資材置き場などに保管するが、最終的には何らかの方法で処分しなければならない。だが、グループ内に造成を行う会社があれば、その工事現場に運び込んで再利用が可能だ。ほかの場面でも同様だ。あるところで要らなくなったものが、別のところで活用することがたやすくなる。

バラバラで顔も合わせたことのない関係ならば、それぞれが独力で処理しなければならないものが、グループとして活動すれば、ゴミを宝の山に変えることも夢ではない。

業界の常識を破り、現金支払いを採用

秋栄会は我が社にとっても何よりありがたい存在だ。開発をあちこちでどんどん進め

ても、仕事の発注先に悩むことはない。

グループを形成する各企業にとってもメリットは大きい。まず会社の運営が安定する。我が社が開発する物件はすべて、秋栄会に属する企業が住宅建設を担う。常に大型開発を続けているから、仕事が途切れることはない。

確かに大手ゼネコンならば扱う物件の規模もその金額も大きいのだが、そこから下請け、孫請けと仕事が下りる間に何重にも中抜きがされるので、一番下の企業の受け取る額は雀の涙ほどになってしまう。それに比べて、秋栄会のメンバーが得る額は納得できるもののはずだ。

秋栄会の企業には、常に現金で支払うようにした。しかも出来高払いだ。最初に職人たちと直接、契約して仕事を進めた際に採った方法を踏襲した。

まず、仕事を始める時に着手金として仕事全体の何割かを支払う。これによって、造成や建設に必要な機材を滞りなくレンタルすることができる。着手した後は、仕事の進み具合によって報酬を支払う出来高払い方式を採っている。通常は月末に締め日を決め、その時点での仕事の進捗度合いによって支払いを行っている。

グループによる運営を続けていると、気がつくことはたくさんある。

彼らはこれまで下請けとしてやってきたわけだが、下請けだからといって技術が低いわけではない。むしろ、現場の一線で鍛えてきた最新の技術を持っている企業が多い。だが、バブルという厳しい時代を生き残ってきたとはいえ、企業の体質は簡単には変えられない。優れた現場の技術を持ちながら、経営が甘いところもまだまだ多いのだ。

業界では手形等での支払いが多い。バブル崩壊後、それが紙くずになった例が多かったにもかかわらず、今もなくせない慣習になっている。建設業界の金勘定はまさにドンブリ勘定そのものだ。その体質が依然残っているため、資金繰りについてはどの企業もいつも苦労している。それゆえ、技術がありながら、下請けの最下層にとどまらざるをえない企業は少なくない。そんな企業にとって、現金での支払い、しかも、着手金と毎月の出来高による支払いは、資金繰りの改善に大いに役立つ。

秋栄会の支払いのしくみならば、各企業が持つ本来の力を存分に発揮できる。さらに、経営の向上のための研修会や勉強会も数多く催して、個々の企業の力を引き出し、引き上げるようにしている。この経営指導は、支払い方法とともに非常に喜ばれている。

現金による支払い、着手金と進捗度による出来高払いは、業界の常識を覆すものだ。会員は職種にかかわらず同等の立場であることも従来の業界では考えられない。実は、それこそが、業界のためになると私は信じている。

分離発注によりコストダウンを果たすことができた。その分、質の高い家のためにお金をかけることで、住宅の持ち主となる顧客のためになる。そして、それは社会のためともいえる。業界の常識に挑戦していくことは、日本全体のためなのである。

高品質住宅を低コストで

E建設が放り出した住宅を無事完売した後、C信用金庫の紹介で開発した、習志野市の4棟の住宅は、1棟あたりの土地は30坪そこそこで、東京都内とは違い、千葉県の感覚では決して広くはない。だが、設計を自前で行ったことで高級住宅を低コストでつくることができ、好評を博した。

4棟を無事、完売させたことでさらに信用が得られ、次にやってきた仕事が、京成線・八千代台駅に近い土地の開発だった。1995年に東京の企業が所有していた450坪ほどの土地を買い取った。地価は坪35万〜40万円とこちらも千葉県の基準からすれば決して安くはなかったが、C信用金庫より1億8000万円ほどの融資を得て購入した。18棟の住宅を建設したので、1棟あたりの土地はやはり30坪そこそこだったが、駅に近かったことと、「フリープラン」が気に入られ、3カ月で完売した。

アットホームセンターのフリープランは、〝建て売り〟（土地付き住宅を販売する）ではあるが、ベースとなる基本設計に、購入者の希望を活かしてプラスの設計を行うことができるサービスで、今でこそ見かけるようになったが、この方式を日本で最初に始めたのは我が社だったと自負している。

フリープランの導入ができたのも、分離発注導入以来、設計部門を持っていたから取り組めたことだった。顧客が望む設計の家を、質の良い材料でつくり、しかも低コスト。そのことが広く認められ始めると、利益も大きくなっていった。

それまでの開発は1カ所で2～3棟規模がほとんどだったが、この18棟の開発で自信を得て、以後、我が社では10～20棟規模の開発が続くことになった。

ついに銀行と和解

苦肉の策として採った分離発注方式だったが、これが、1990年代の我が社を大きく躍進させることになった。苦労はしたが、それにより飛躍のきっかけをつかんだのだ。

1カ所の開発が10～20棟と規模が大きくなり、しかもその規模の開発を、数カ所、同時並行で進めるようになっていった。住宅開発はのべ200棟に及び、利益は億単位にのぼった。

同業他社はまだバブル崩壊の悪影響を引きずり、調子を取り戻せずにいた。そのような中、我が社は分離発注という大きな武器を得て、「高品質の住宅を安く」を実現させることができたのだ。ひとり勝ちのような状態だった。

そんな我が社の勢いを聞きつけたのが金融機関だ。数多くの訪問者があったが、その中には、かつて私が勤めていた銀行もあった。支店の担当者がしばしば訪れ、ぜひ融資させてほしいと頭を下げた。以前の同行と私との経緯について知らないのだろうか。

かつて私が融資を求めに銀行に出向いた時、知り合いの支店長は居留守を使って私を遠ざけた。さらに遡って私が銀行を辞めた時、土地を求めて営業を始めた時、辞めたことを先回りして情報提供されたため、あいさつ回りもろくにできなかった。それを思い返すと、とても取引する気にはなれなかった。もちろんそれは私の一方的な思い込みで、事実はほかにあるのかもしれないが。

銀行の担当者に向かい、私は思わず、「帰れ!」と叫んで追い返しそうになった。かろうじて思いとどまったものの、担当者に過去の経緯を話さずにはいられなかった。担当者はすごすごと帰っていった。それでも彼は諦めずに、その後も何度か足を運んできた。

それまで我が社と銀行とが全く接触していなかったわけではなかった。実は我が社の副社長の甥は、この銀行の副支店長を務めていた。以前から我が社への融資をたびたび持ちかけており、あくまで副社長の権限で、ということで3000万円の融資を受けたことがあった。だが、副社長は私に気遣ったのだろう。決して社長の私と銀行とを直接、引き合わせるようなことはしなかった。

何度訪問しても態度を変えない私を見て、銀行の担当者は、ある日、支店長を連れてやってきた。が、それでも私の考えは変わらなかった。

だが、同期の人間がやってきた時には、さすがに考えざるをえなくなった。同期で銀行に入行したひとりが、頭取になっており、その彼がわざわざ私のところまで足を運んでくれたのだ。彼とは実は大学時代からの知り合いだった。私はこれまでと同様、銀行との経緯を話したが、彼は黙って聞いていた。その後もいっしょに酒を飲んだ。

頭取とじっくりと話をしていると、確かに一部に私の一方的な思い込みがあったことも理解できた。創業当初、私が土地を求めて知り合いの農家を訪ねると、私が銀行で不正をして追い出されたような噂が広まっていた。確かに銀行は、先回りして農家に私が銀行を辞めたことを伝えたことは事実だった。だが、私が不正をしたように触れ回ったわけではなかった。熱心な銀行員が辞めたため、農家の間で勝手に憶測が流れたようだ。

私自身、反省すべきことが多々あることにも気がついた。銀行員時代、部下には、何が何でも自分の言うことを聞けと締め付け続けた。ここまで実績をあげているのに、なぜ、銀行は自分を認めないのかと憤った。自分がいなければ銀行は何も回らない、自分が銀行を動かしていると信じていた。

だが、自分が辞めた後も、銀行は大きくなり続けた。自分がいなくても、銀行には何の支障もなかった。私自身のうぬぼれと慢心をひしひしと感じずにはいられなかった。独立直後の自分には仕事がなく、毎晩、布団の中で泣き、ホームレスを覚悟した。いかに自分が小さな人間だったかと身に染みた。私は銀行員としては失格だったのだ。

私はついに銀行の融資を受けることにした。

銀行のほうから、わざわざ足を運んでくれたのだ。担当者や支店長を入れれば何度来てくれたのか数え切れないほどだ。そしてついに頭取まで顔を出してくれた。資本金もすでに2億円に増えていた。事業の実績を認めてくれたということだろう。

私が銀行を辞めてから17年が経っていた。

事業が順調に進んでいたこともあり、私には気持ちの余裕ができていた。いつまでも過去のことにこだわっているわけにはいかない。人も組織も変わった。同期は頭取になり、ほかの同期にも支店長になって働いている人間が大勢いた。かつての部下は組織の中枢になっていた。味方にできるのならばこの銀行ほど頼もしい組織はない。「見返してやる」という気持ちがなくなったわけではない。独立した当初も今も、私にとって事業を続ける原動力になっている。だが、その「見返してやる」相手が、実は別にあることに私は気づき始めていた。既存の不動産業界や建設業界だ。本気で戦うつもりならば、銀行という味方が必要だ。

銀行と和解し、新しい関係を築こうと決心した。

改めてわかった銀行員の経験の重さ

銀行が私に与えてくれたものは大きかった。銀行員としての経験で、バブル崩壊を乗り切ったことについてはすでに触れた通りだ。地価がどんどん高騰し続けたバブルのさなか、それにうまく乗って事業をしつつも、こんなことは長くは続かないと、心のどこかで警告してくれたのも銀行員としての経験だった。

M工務店の様子がおかしくなった時、ほんのわずかな兆候を見逃さず、すぐに手を打てたのも銀行員の経験があればこそだ。当時はまだまだ流れに乗って、大儲けできると信じていた人間は大勢いた。そんな人間から見れば、M工務店との取引中止の判断は、臆病に映ったに違いない。

だが、バブルがはじけると、私の判断の正しさが証明された。銀行での経験は、私にとってなくてはならない貴重な財産だと、私自身、改めて実感した。

銀行と和解し、取引が始まった後も、銀行員としての経験は活きている。ひとつは銀行が何を求めているのかわかることだ。私が銀行員時代、上司からよく言われた言葉が、「貸した以上、1文残らず回収しろ」ということだった。

企業は利益をあげて評価される。銀行も、利益をあげる企業を評価する。当然のことだろう。一般には利益をあげていれば、融資に対しても利子をつけて返済が可能だ。

ところが会社の経営はやっかいなもので、たとえ利益が出ていても、手元に現金がなく、返済に苦労する事態はよく生じる。帳簿上は黒字になっていても、取引先から現金が回収できなければ、別の取引先への支払いができず、黒字倒産という事態にも陥る。

金融機関は確かに利益をあげている企業を評価するが、それにプラスして、常に融資した企業に返済可能な状態を望んでいる。目安のひとつが、その企業が資金を確実に回収し、現金化する体質であるかどうかだ。常にそれを見ている。

売上が間違いなくあがると確信が持てるならば、経営者はそこに大金をつぎ込むだろう。私の場合、これはと思える土地を見つければ、それを購入するために手元の現金を残らず使い、金融機関からも借りまくって自分のものにしてしまいたい。たとえ利益が出るのが当分先とわかっていてもそうしたい。

ところが金融機関から見ればそれは大きなリスクと映る。数年先に大きく儲けるために大きなリスクを取るよりも、小さなリスクで小さく儲けてでも、利子を着実に支払い、計画通りに返済してくれることを望む。

特に不動産については、金融機関はバブル崩壊で手痛い打撃を受けた。不良債権をつくるなどもってのほかだ。大ばくちで大儲けする企業よりも、確実・着実に返済する企業を望む傾向がより強くなったように思う。

1998年前後から金融機関の融資を受けて住宅開発を行うようになると、私は金融機関が望むものを常に考えるようになった。開発する住宅は必ずすべてを売り切ることにしたのもそのひとつだ。そうすれば常に手元に現金が入ってくる。

ある地区の開発では、たとえ赤字になっても売れ残りは値引きして売り切ってしまうことにした。しばらく待てば売れる可能性はあったとしても割り切った。値引きしてでも売り切って、現金を手に入れることを優先した。

もちろんどの開発も赤字では、会社の経営は立ちゆかなくなってしまう。ある開発で赤字でも、別の開発で黒字にして、トータルで利益が出ればそれでよしとした。

損をした現場はいくつもある。だが、並行していくつも住宅開発を行い、トータルで必ず黒字にした。このような我が社のやり方を金融機関は評価してくれたと思う。

いくつも開発を行うためには元手がいる。銀行はそれを支援してくれる。どの開発もすべて売り切ること、つまり資金を着実に回収することを銀行は評価して、融資を続けてくれた。だから、仕事を回し続けていくことができた。

着実に仕事を回し続ければ金融機関の評価はあがり、融資額は数千万から数億、数十億と膨らんでいった。お陰で住宅開発の規模をさらに大型化することができた。年々、開発する住宅の棟数を増やしていけたのは、私が銀行との付き合い方を知っていたから、という一面があったのは事実だ。

第4章　造成も自前で、大規模開発へ

多店舗展開した矢先に交通事故

分離発注と金融機関からの融資がうまく噛み合い、大規模な開発が回り始めた。2000年代になると、住宅開発の規模は毎年100棟を超えるようになり300棟近くにまでなった。売上は80億円前後にまでのぼった。100億円も目前に思えた。

売上を100億円にするためには、開発規模をもっと大きくする必要がある。そこで2000年代半ばごろから、私は県内各地に支店を設けることにした。やると決めたらすぐに実行に移すのが信条であり、わずか2年で、本社のある千葉市内にもひとつ支店を開き、さらに柏、船橋、勝田台、八千代中央、八千代、習志野台、鎌ケ谷、流山と計9つの支店を開設した。

支店開設に伴いスタッフも計50名ほど新たに採用した。その前は40~50名程度の体制だったから、たった2年で倍以上、100名を超える人員となったわけだ。創業当時の、住宅を改造した本社で副社長と2人で四苦八苦していたことを振り返れば、夢のような成長に思えた。これでまたどんどん売上を伸ばしていこうと決心した。

しかし、人数を倍にしたからといって、売上は倍にならない。生産効率ではむしろ悪化する面も見受けられるようになった。急成長にはマイナス面もつきまとう。

私や副社長など経営トップの仕事量が膨大になった。私は副社長と専務の3人で各支店を回ることを日課にした。3人で手分けして9カ所の支店を順番に回り、会社の方針を正確に伝え、各支店の業績を確認するのだ。各支店から見れば、2日に一度は3人のうちいずれかが顔を出していたことになる。

それほどしなければ、あちこちで進んでいる開発を同時並行的に進めることは難しかった。開発の現場では毎日、何かしら問題が起きる。週に1回、月に1回の定例会議で判断していたのではとても追いつかない。数日を置かず、支店長をはじめ現場の人間と直接、顔を合わせることで、問題に対処し、次に行うべきことを決めなくてはならないのだ。それほどしても、指令が会社の隅々にまで行き届かなくなってしまった。

超多忙な日々は続いた。猛烈に働けば何とかなると信じていたのだが、無理を重ねればどこかにほころびが生じる。その予感がなかったわけではないが、私は仕事に打ち込むことでそれを忘れようとした。

そんな矢先に起こったのが交通事故だった。

その日もある支店に向かうため、有料道路を走っていた時、前方から突然、自動車が現れたのだ。

逆走してきた乗用車が目前に迫り、私はとっさにブレーキを踏み込みハンドルを切ったが、衝突は避けられなかった。幸い真正面からぶつかることだけは避けられたが、私は潰れた車体に挟まれ、脚を複雑骨折してしまった。全治10カ月の大怪我だった。2006年のことだった。

知り合いからはみな、一命を取りとめただけでも幸運だったと言われた。脚を上から吊られたままベッドに横たわっているのはつらい経験だった。だが自分の身体よりも心配だったのが会社のことだ。ほとんど身動きできない状態にもかかわらず、私はベッドの上から采配を振るおうとした。

といっても、支店を回ることは当然できない。そこで私は、入院していた習志野市内の総合病院の病室に、各支店の支店長を定期的に呼び出すことにした。支店長だけでなく、役員も呼びつけ、あれこれと指示を出し続けた。病室は個室に入ることができたが、私の怒鳴り声は隣の部屋まで響いていたに違いない。

だが、それも限界だった。

人を呼びつけて資料を前に話しても、自分自身が各支店を訪れて指示を出していた時とは大違いだった。実際に支店に出向けば、支店長の顔色をはじめ、社員・スタッフの表情を直に見ることができる。それを見れば、私は報告書に書かれていない問題点をすぐに見つけることができた。

開発の現場に出向けば、計画通りに進まない原因がすぐに理解できた。そして、その場で対策を指示することが可能だった。

だが、病院のベッドの上ではそうはいかなかった。これではもうやりきれない。副社長は支店回りを続けていたが、さすがに私が決断を下さねばと考えた。

支店をなくしてしまおう。

実は事故の前からそう考えることがたびたびあった。急激に伸びていた住宅建設の棟数に合わせ、会社組織を急拡大させていたが、とても私の目の行き届くものにはなっていなかったのだ。

事故はよいきっかけだったのかもしれない。

入院して2カ月経ったころ、私は9支店すべてを閉め、本社だけで運営することを決心した。この大幅なダウンサイジングは、会社にとって大手術だったし、負担も大きかったが、それに勝るメリットをもたらした。

その1つ目は会社の利益が改善したこと。2つ目は賃貸業を拡大するきっかけとなったこと。そして3つ目は、その後にやってくるリーマンショックを乗り切る体制にできたことだ。

ダウンサイジングのメリット1　利益率向上

まず、利益を改善することができた。

9つの支店をすべて閉鎖した結果として、大幅な経費削減となった。支店には電話、ファクシミリ、コピー機が不可欠だったし、営業の社員・スタッフが動き回るための自動車も置いていた。また、支店にメインサーバを置き、ひとり1台パソコンを配布していた。これらのリース代は9支店トータルで毎月300万円ほどにのぼっていた。これらの経費がそっくり不要になったのだ。人員も減ったため、人件費もかなり削減された。

9つの支店をなくせば会社の売上が落ち込むのはしかたないだろう。確かに売上は若干、落ちた。だが、激減したわけではなかった。経費削減のメリットが上回った。

ちょうど1年ほど前に宅地建物取扱業法の改正があり、支店がなくとも開発現場に営業所を設ければ住宅の販売が可能になっていたので、従来、支店で行っていた契約などの業務を、発売現地の営業所でできるようになっていた。

営業所の設置は県の宅地課へ届け出るだけでよく、登記などの面倒な手続きは不要だ。設置にはコストがかかるが、支店の開設とは比べものにならないくらい小さい。建物はプレハブで400万円ほどで済むし、電話は社員・スタッフの持つ携帯電話で十分。資料等のやりとりは、社員・スタッフが持ち歩くノートパソコンで行えばよい。ファクシミリやコピー機は置かず、必要な時はPC用のプリンターで代用した。

ひとつひとつの開発規模が小さいうちは、支店で、いくつもの開発に伴う業務をまとめて行うほうが効率的だったのだが、開発規模が大きくなれば、それぞれの現場に営業所を置き、そこで必要な手続きを行うことが望ましい。

顧客が自分の目で土地と住宅を確かめ、気持ちの変わらないうちに契約を済ませられるのも、すぐ目の前に営業所があればこそ。すべての住宅販売を終えて役割を果たせば、プレハブを解体して、次の開発現場に運べる。トータルのコストはずっと低く抑えることができるのだ。

9つの支店をいっせいに廃止しても、仕事の大部分は営業所に引き継ぐことができ、住宅開発のほとんどをそれまで通り、続けることができた。

コストを大幅に抑えた分、利益が向上した。ダウンサイジングする前の年の売上は

80億円を超えていたが、経常利益は2億そこそこ。それが、実際に大なたを振るって会社組織を小さくしてみると、売上は70億円に落ちたものの、逆に利益は約3億に増やすことができた。

ダウンサイジングのメリット2　ビル賃貸事業の拡大

ダウンサイジング2つ目のメリット、賃貸事業を拡大することができたわけは、9支店の建物が残ったからだ。

幕張本郷の本社はもちろん、廃止した9つの支店の建物もすべて我が社の所有物だったから、まず、八千代支店の建物に本社を移した。柏、流山、船橋、千葉の4つは売却した。八千代市は、以前本社にしていた地であり、支店や旧本社のほかにもいくつかビルを所有して賃貸事業を展開していた。それに加えて幕張本郷の本社だったビルおよび勝田台、八千代中央、習志野台、鎌ケ谷の4つも、賃貸物件として我が社が管理することにした。

支店を閉鎖したことで余った建物を、やむをえず賃貸物件として加えた賃貸事業だったが、その後も次々と物件を購入して賃貸事業を拡大していくことになった。

当初、主に購入したのは中低層の中古のマンションやオフィスビルだったが、その後、２０１０年代になってからは収益性の高い物件の購入を加速させ、２０１５年には大きな買い物をした。津田沼駅前の10階建てのビルだ。５５０坪ほどの敷地に建つ10階建てのビルをまるまる1棟購入した。所有していた会社から話が持ち込まれて、すぐに購入しようと決め、融資先を探した。即金で三十数億円。

初めはある都市銀行に融資を依頼したが、「いったい何を考えているんだ」とけんもほろろの対応だった。だが、かつて私が勤めていた銀行はわずか3日で融資を決断してくれた。今、このビルから得られる賃料は毎月３０００万円近くにのぼる。

バブル崩壊後、景気回復を図って銀行の金利は低く抑えられていた。低金利がずっと続いていたことで、銀行から低利で融資を受けて賃貸物件を次々と購入し、それで賃料を得るというビジネスが成り立ったのだ。銀行へ金利を払い続けても、購入した物件から得られる賃料が上回り、安定した収入になっている。

２０１７年秋現在、我が社が所有するビルやマンションは全部で50件ほどになり、賃貸事業は我が社の事業のひとつの柱となっている。

ダウンサイジングのメリット3　リーマンショック回避

さて、ダウンサイジングしたことによる3つ目のメリットは、リーマンショックを乗り切ることができたことだ。9つの支店を廃止してから約1年半が経った2008年秋、リーマンショックが起きた。

発端はアメリカの投資銀行リーマン・ブラザーズの破綻だ。最初は海の向こうの遠い国で起きた出来事に過ぎず、実際に周辺で損害を被ったような話は聞かなかった。しばらくして日本でも影響が出始めたと言われても、為替で大損したというような話がほとんどで、私には人ごとに思えた。

バブル時のように、前もって不動産が高騰するようなこともなく、自分たちの業界には無関係だと考えていた。

だが、ある日、影響が現れた。融資を受けていたいくつかの都市銀行（都銀）の様子がおかしくなったのだ。

ある都銀では、支店長から呼び出され、融資について「何とかできるとは思うんですけど……」「まあその辺、何とかよろしく頼みます」と言葉を濁された。いったい何のことを言っているのかと確認しても、はっきりとは言わない。だが、とにかく、つい先日まで胸を張って「いくらでも借りてください」と言っていた時とは大きく事情が違うことだけは理解できた。とはいえ、はっきりしない言葉に対し、こちらもはっきりと答えることができず、釈然としない思いのまま支店を後にするしかなかった。

それから間を置かず別の都銀の支店長からも呼び出され、今度は「今後の融資はケース・バイ・ケースにします」と言い渡された。前の都銀よりも口調だけははっきりとしていたが、それでも何を言いたいのかよくわからなかった。何度か聞き返して、今後の融資は受けられないということが理解できた。唖然として帰ってきた。

もうひとつ別の都銀で、ついに、すでに約束してくれていた融資を反故にされた。額は12億円ほどだったので、融資を受けられなければ住宅の開発はできなくなる。この時はさすがに頭に来て、「話が違う」「ふざけないでください」と口に出してしまったが、いくら声を荒げてみたところで状況を変えることはできなかった。

それぞれの都銀の対応は微妙に違っていたが、ただならぬことが起こっていることは間違いなかった。いつの間にか危機は足下にまで音もなく忍び寄っていたのだ。

幸い、捨てる神がいれば、拾う神もいた。信用金庫と地方銀行（地銀）だ。

都銀で融資を冷たくあしらわれた私は、すぐにC信用金庫と私がかつて働いていた地方銀行に向かった。両金融機関とも、すぐに事情を理解して融資を約束してくれた。C信用金庫は、これまでもたびたび助けてくれた恩人ともいえる金融機関だ。また、地銀とはすでに過去のわだかまりを捨て、高額の融資を受ける関係を築いていた。

冷たい都銀と、信用金庫や地銀の姿勢には大きな違いを感じた。

都銀からは、リーマンショックという言葉が出たわけではなかった。理由ははっきりと言わないまま、とにかく融資はできないと、ある都銀からははっきりと、ある都銀からは言いにくそうに言われただけだった。都銀のレベルになると、海外で資金運用を行っていたのだろう。そのためリーマンショックの影響を直接、受けたに違いない。

一方、信用金庫や地銀はそうではなかった。金融機関である以上、影響を受けなかったわけではなかったろうが、なじみの地元企業に融資するという本来の使命を忘れることはなかったのだ。

リーマンショックはその後、日本の住宅価格の下落という形で現れ、不動産業界は再び暗く長い不況に入っていく。だが、幸い我が社では信用金庫や地銀とのつながりが深く、大きな痛手を受けずに済んだ。会社規模をダウンサイジングしていたことにより、身軽に動けたことも功を奏した。

だが、そうできなかった同業者は多数あった。バブル崩壊時のような大型倒産こそ多くはなかったが、身近なところでは、資金繰りができずに物件の購入が果たせず、せっかく払った手付金を放棄するしかないと嘆く同業者がいた。また、元手がないために新規の販売ができず、ビジネスのチャンスがあっても、資金力のある大手に奪われてしまうという声も聞いた。

その後もリーマンショックはボディブロウのようにジワジワと業界を苦しめ続けたが、我が社は身軽さと新規に立ち上げた賃貸事業の安定性も手伝って、先行き不透明な業界の中で生き延びることができた。

後になって、会社をダウンサイジングしたことを、リーマンショックを予測していたのかと聞かれることがある。動物的嗅覚で危機を乗り切ったと褒めてくれる人もいる。もちろん予測できたわけがない。ただ、拡大路線に舵を切ってはみたものの、急速に膨張していくことに不安と違和感を持っていた。自分のコントロールの範囲を超えていく会社の規模をどこかで見直さなければならないとかねがね思っていたことは事実だ。

交通事故がきっかけになったが、事故がなくともダウンサイジングは実行していたと思う。動物的嗅覚という言葉は褒め過ぎにしても、銀行員時代に養った臆病なくらいの慎重さが、ここでも役立ったのは間違いない。

造成もグループ会社で、さらに大幅なコストダウンを実現

リーマンショックでまた大きく揺さぶられることになった業界にあって、大きな影響を受けることなく乗り切った我が社が、そのころに得たもうひとつの大きな武器についても述べておく必要があるだろう。

それは、土地の造成をグループ内の会社で行うことである。

住宅建設はもちろんのこと、何を建てるにしても、土台となるのが土地だ。土地の造成は開発には欠かせない要件である。

まず、凸凹の土地を平らにして固める。水はけの悪い土地ならば、土中にパイプを張り巡らせたり、水はけのよい土を入れることが必要になる。人が暮らしたり、仕事をしたりするためには、上下水道やガス管、電気線のための配管も絶対に欠かせない。

住宅に限らずどのような開発にとっても欠かせない造成だが、パイプや電線は地中にあって目に触れず、平らな土地も見慣れてしまえば当たり前に感じられる。そのため一般の人には見落とされがちな部分であり、なかなかその価値に気づいてもらえない。長

く住宅開発に携わってきた私も実は同じようなものだった。

かつて住宅建設を〝丸投げ〟していたのと同様、土地もまたすっかり人任せにして、造成済みの土地を購入していたのだ。

だが、住宅建設で分離発注が可能ならば、土地の造成も自前でできるに違いない。

初めて造成を手がけたのは2000年前後だったと記憶している。千葉ニュータウン内を走る北総線の印旛日本医大駅前の土地を地主から手に入れた時、ある専門会社に造成を依頼した。

だが、この時はうまくいかなかった。

比較的、低額で発注することができたと初めは喜んだものの、造成が進むにつれて追加、追加で料金がかさんでいき、結局、高い買い物になってしまった。建設業界ではよくある話だ。

それに懲りてしばらく造成にまでは手を出さずにいたが、その間に我が社の開発規模はどんどん大きくなり、一度に10棟、20棟だったものが、30棟、40棟に、さらに50棟規模にまでなっていた。こうなると土地の値段を気にしないわけにはいかなくなる。

再び、造成を自前でできないかと考えた時、K社のことが頭に浮かんだ。以前、ある大手建設会社に依頼したところ、やって来たのが宅地造成専門のK社だった。

相変らず下請け、孫請けが慣習の建設業界である。同社も大手建設会社から何段階かを経て、仕事を得た会社だった。実際の造成には何ら問題はない。何しろ現実に造成しているのは彼ら下請けの企業なのだ。彼らこそ本当の技術を持っているといってもよいだろう。

ならば直接、K社へ依頼すればよいではないか。そう考えて、八千代市内の東葉高速鉄道・八千代中央駅の北、ゆりのき台の開発の際、造成を依頼することにした。

ここは八千代市の所有する小学校の建設予定地だったが、少子化と財政難のため建設が白紙に戻され、8000坪の土地が宙に浮いていた。当時は公的機関が所有していたが、それを我が社が買い取り、そこに148棟の住宅を建てる計画をした。

造成については、後に追加費用が発生しないように、最初から金額を決めてK社に発注して仕事に取りかかってもらった。金額そのものは、我が社が以前に大手建設会社に支払っていた額よりもかなり安かったが、その代わりといっては何だが、初めに着手金を支払い、各月末には進捗度合いに応じて現金で支払うようにした。秋栄会のグループ企業に行っている支払い方法を、ここでも採用したのだ。

追加、追加で、当初の予算を大幅に超過してしまったのも、ドンブリ勘定体質が根っこにある。実際に現金が入るのは仕事が終わってから、それも手形の場合が多い建設業界だ。最初は適当に安めに値を決め、後で足りなくなれば追加料金にすればよい。そんな考え方が業界には染みついていた。

私は、業界のドンブリ勘定の体質を改めたかった。実際には準備をはじめ、仕事を進める上で何かとお金が必要になるから、モノをいうのはいつでも現金だ。業界の常識にとらわれずに、現金で支払う方法はここでも喜ばれた。

１４８棟の住宅地の造成に対するＫ社への支払いは、確かに総額では決して高額ではない。だが、Ｋ社にとっては十分に引き合うと思われた。仕事の途中で出来高によって支払いを受けるので、資金繰りが改善するからだ。もちろん我が社にとっても、大幅なコストダウンが実現する。

職人たちとの直接契約、建設資材の調達、それに加えて、造成を直接、秋栄会のグループ企業の造成専門会社に依頼して行うことになり、分離発注をさらに自分のものにできた。我が社はまた一段、違う次元へと成長できたと思う。

自前で造成するのと、すでに造成済みの土地を購入するのとでは、天と地ほどの差がある。

まず、コストだ。

住宅のための造成は、通常、大手建設会社が行っている。そのため、まっさらな土地にはそれなりの金額が上乗せされている。その上乗せされる金額が問題だ。

何度も触れてきたように、末端の専門会社が行っている実際の造成工事のコストの上に、何重もの上前が積み重ねられている。それが最終的な造成の料金だ。

造成を自前で行えば、その〝何重もの上前〟をなくすことができる。大幅にコストを下げることができるのだ。

中抜きされていたコストを節約できるだけでなく、自前で造成すれば工夫しだいでさらなるコストダウンも可能だ。

造成は、小規模にやっても大規模にやっても、ブルドーザーやショベルカーなど最低限度の重機が必要だ。それらの重機は造成会社が備えていることもあるが、リースで借りてくることも多い。狭い土地のために何度も借りるよりも、大きな土地の造成のために1回で借りて使うほうが安い。また、造成の工事そのものも、一度に広く行うことができれば効率的だ。建設と同様、造成でもスケールメリットは働く。

造成まで手がけるのであれば、開発は、より大規模で行ったほうがより効率的だ。

このような力が加わり、我が社の開発はさらに大がかりなものになっていった。それが分離発注と造成という2つの土台の上に進められたことは言うまでもない。以後、100棟、200棟規模による開発が続くようになった。

造成による大幅なコストダウンは、我が社の「高品質の住宅を安く」という方針を後押しすることにもなった。それは、業界の中で強力な競争力になった。

土地を求めて公的機関とのつながりを強化

そのような大規模な土地をどのようにして見つけるか。

我が社は、大規模な土地を所有する地方自治体や官公庁の入札に参加し、そこで少しずつ実績を積んでいった。

公的な機関が土地を手放す場合、複数の業者に呼びかけて入札にする。公的機関が所有する土地の中には、どう開発したらよいものか、考えあぐねて放置されている土地も案外存在する。欲しがる業者はおらず、入札もできないような土地がけっこうあるのだ。

だが、造成という武器を手に入れた我が社ならば、どのような土地でも開発は可能だ。一見しただけでは、造成しても価値が出ないままの恐れがあるような土地でも、我々はわずかな可能性を見落とさずに土地を購入して開発を試みた。

そして、どのような土地であっても細部にわたって正確無比の造成工事を行えば、土地を手放した公的機関との間に信頼関係を築くことができた。それによりまた別の土地を紹介してもらえるようになり、やがて本当に開発のしがいのある、利益のあがる土地に巡り合うことができるようになっていった。

だが、現実にそうなるまでにはかなりの遠回りを強いられた。造成して開発したとしても、どうしようもない土地が現実にはあったからだ。

ある駅前の５０００坪の土地を購入したことがある。アクセスは抜群でしかも平坦。一見するととてもお買い得な土地だった。

だが、いざ造成を始めてみると、安いわけが明らかになった。土の中から埋設物がたくさん出てきたのだ。かつてゴミ捨て場だったようだ。

無理に開発しようとすれば、赤字を覚悟せざるをえなかった。だが、途中で放り投げるわけにはいかなかった。銀行と同様、公的機関もまた、どういう経過にせよ、住宅地を開発したという実績で我々を評価したからだ。

５０００坪のゴミだらけの土地からすべてを掘り出し、処分した。後から問題になっては元も子もない。完全に取り除いた上で、すっかりきれいにした。その上に約90棟の住宅をつくったところ、すぐに完売した。だが、赤字だった。ゴミが出たという噂が広がり、住宅価格を引き下げざるをえなかったからだ。

ゴミはすっかり回収し、何ら問題はなかった。イメージだけの問題で低価格になり、実際に購入した顧客にとってはかなりお買い得だったと私は確信している。

その開発では、結局、我が社は利益を得ることはできなかった。

ほかにもどう開発しても住宅地にできないような土地を購入したことがある。面積としては住宅2棟分に少し欠けるほどだが、土地が細長く、通常の住宅には向いていない。いろいろ考えたあげく、アパートを建て、我が社が管理することにした。

何とかなったと胸をなで下ろしたところに、すぐ背後で梨を栽培していた農家が顔を出した。そして、この土地は昔、自分が泣く泣く手放したものだと言う。

驚いて話を聞くと、かなり安い価格で売ってしまったことを悔やんでいる様子だった。かなり前のことですっかり忘れていたが、自分の知らないうちにアパートが建てられたことで思い出したと言う。

法律的に何か問題があるわけではない。放っておいてもよかったのだが、気の毒になり、これからアパートに住む住民が不快な思いをするのも避けたかった。何とか納得してもらうしかないとじっくり話を聞き始めると、話があちこちに飛んだあげく、何とかこの土地を買い戻したいと言い出した。結局、建てたばかりのアパートごと購入してくれることになり、意外な形で話は落着した。

売値は相場よりも安かったが、黒字にすることができたのは、造成を自前で行ったからだ。後日、訪ねてみると、アパートは無事に人が入居している様子だった。

高圧線の下の土地を購入したこともある。住宅にはできないが、倉庫や工場なら可能だ。そこで周りの土地もすべて買い取り、まとめてほかの不動産会社へ売却した。

様々な案件も、嫌がらずに取り組み続けていけば、掘り出しものに出合える。

東葉高速鉄道の船橋日大前駅に2カ所、合わせて1万3000坪の土地を得ることができた。最も近いところは駅から歩いて5分ほどの平坦な土地だ。4年かけて計180棟の住宅地「せせらぎの街」を開発した。この時は、障害になるようなものは何もなく、利益を出すことができた。

民間の土地でも200棟規模の大型開発を

大規模な開発の実績を積み重ねると、民間の不動産関連事業も我が社に注目するようになり、広大な土地売買の話が舞い込むようになった。

2010年前後に、ある地方銀行からもたらされたのが、八千代市の中央よりやや南の1万4000坪の土地の話だった。大手のマンションデベロッパーが所有していたが、リーマンショックの影響で倒産してしまった。会社更生法により再建を図るため、所有する土地を売りに出したという。

場所は東葉高速鉄道の八千代中央駅から徒歩で20分弱のところで、京成本線八千代台駅にも近い。また、周辺は高級住宅地で、住宅地としての潜在力が高いことは明白だった。

さっそく私は、債権者のひとつである別の大手不動産会社に足を運び、次期社長と交渉を始めた。

交渉の焦点となったのはやはり土地の価格だ。それなりの額を提示すると手応えは十分にあり、すぐに決着がつくものと思えた。だが、結局、交渉はそれから3年の月日を費やすことになった。

それは、1万4000坪の土地の一部を、別のマンション建設業者が握っていた影響が大きかった。その会社は土地をデベロッパーに売り、その後、マンションの建設も担って、二重に利益が出るビジネスを進めており、どうしても土地を手放さないのだ。

そうこうしているうちに、今度はまた別の大手住宅メーカーが参戦してきた。そこは数万坪単位で街をまるごと開発する会社で、手強い相手だった。こちらが提示する価格でまとまりかけていた土地の値段は、その大手が出てきたことで再び上昇し始め、結局、我が社が最初に提示した額の倍近くにまで跳ね上がった。資金力でとても太刀打ちできそうになかった。

　だが、私はほかの攻め方を心得ていた。話を持ち込んできた地方銀行に融資を持ちかけ、その約束を取り付けると、交渉相手に即金で払うと持ちかけた。これで話はいっきに進んだ。

　土地の購入価格は私が最初に提示した額より低かったにもかかわらず、話は決着した。再建途上の会社としては、現金ほどありがたい存在はなかったのだろう。

　後から参戦してきた大手住宅メーカーは、

スマートヒルズ八千代中央

スマートヒルズ八千代中央近くのバス停留所名はアットホームタウン

確かに開発力も資金力も我が社とは桁違いの大きさだったが、大手ゆえに支払いが何段階かに分かれていたようだ。開発規模が大きくなり、動くお金の額も大きくなり、おいそれと即金でというわけにはいかなくなるのだろう。工事も長期化する中で確実に利益を得ようとすれば、開発がある程度進んで、住宅の購入者から現金を得られる見込みでつけたい。そう考えたのだろうか。

その点、我が社は私の決断ひとつで決めることができ、それが勝因になった。着実に開発を進めたい大手企業から見れば、まるでばくちのように見えたかもしれない。大きな組織は確実性を求めるが、私にとってはビジネスとはスピードと決断が命だ。それが功を奏することになった。

大手住宅メーカーには勝ったものの、土地の1割を持つマンション建設業者は最後まで土地を手放さなかった。やむをえず、残りの9割の土地を、我が社は戸建ての住宅地として開発することにした。

マンションが建つ予定の土地は、南側にあるためどうしても日陰になってしまう区画ができる。そこで、調整池をマンションのすぐそばに配置して、戸建て住宅の日照に影響が出ないようにした。

こうしてできあがったのが、戸建て住宅174棟からなる「スマートヒルズ八千代中央」だ。

土地付きで3500万円という価格ながら、1棟あたり50坪前後の土地を確保してゆったりとした庭がつく。しかも建物はフリープランにした。開発を始めたころから人気を呼び、2014年に販売を開始すると約1年半で完売することができた。

協調融資で資金繰りの不安を一掃

「スマートヒルズ八千代中央」の開発は、いろいろな意味で、教訓をもたらしてくれた仕事だった。

最初に話を持ち込んできたのはある地方銀行だった。即金で土地を購入するため、私はその銀行から融資も受けた。そもそも土地購入の交渉を始められたのも、また、実際に現金で購入できたのも、その銀行のおかげであり非常に感謝している。

だが、同時に不自由な思いもすることになった。開発を終えて販売する段階になると、その銀行は「ぜひ我が社で住宅ローンを」と強力に勧めてきたのだ。高額の融資を受けていることもあり、どうしても申し出を断ることはできなかった。結果、住宅販売時には、その銀行の住宅ローンを優先的に顧客に勧めることになった。

本来、住宅ローンは建て主に自由に選んでもらうのが望ましい。実際にほかの開発では、いくつかの金融機関の住宅ローンを顧客に紹介して選んでもらっている。融資を受けるのはありがたい。しかも1行から数十億単位を借りるという機会はめったにあるものではなく、幸運だったとさえ言える。が、同時に窮屈さもあるのだとわかった。

これを教訓にしたのが、協調融資方式の導入だ。

ひとつの案件に対し、複数の銀行が融資するしくみを使う。

シンジケートローンという融資の方法がある。シンジケートと聞くと何やら危ない組織のように聞こえるかもしれないが、複数の銀行がひとつの組織（シンジケート）を形成し、融資する、金融機関ではおなじみの手法だ。

借り主にとっては、多額のお金を集めやすい。また、金融機関にとっても1行あたりの負担が軽いというメリットがある。特に地元では融資先に限りのある地方銀行にとっては、通常の営業範囲を超えたほかの地域での融資が可能になる。

非常に便利なシンジケートローンだが、欠点もある。通常は大手の都市銀行が中心となり、複数の地銀などに声をかけてシンジケートを形成することが多い。その場合、大手の都銀は、地銀を紹介したことで、借り主に紹介料を加算する。金利に換算すると、通常の融資の倍ほどに金利がかさんでしまう。高額の融資を比較的たやすく可能にするシンジケートローンだが、金利や手数料は高くつくのだ。

ちなみに、「スマートヒルズ八千代中央」として我が社が開発した土地をかつて所有していた大手のマンションデベロッパーも、シンジケートローンにより融資を受けていた。倒産の原因が高金利にあったかどうかまでは断言できないが、大きな負担であったことは間違いないだろう。また、その土地の購入を我が社に勧めてきた地方銀行は、そのシンジケートの中の1行だった。是が非でも融資を回収したかったのだ。

さて、そのようなシンジケートローンにヒントを得て、考えたのが協調融資だ。ひとつの案件に対し、複数の銀行から融資を受けるところは同じだ。だが、まとめる主体はあくまで我が社だ。紹介料などは発生しない。つまり、複数の銀行からの融資で高額の借り入れが可能になり、しかも、通常の金利で借りられるしくみだ。公的機関などでは同様のしくみで複数の金融機関から融資を受けることがある。それを民間の我が社にあてはめたのだ。

我が社にとっては、多額の融資を受けることができる。また、銀行にとっては1行あたりの負担が少ない。

あくまで我が社が主体だが、中心になる銀行は存在する。我が社のメインバンクである銀行だ。その大手地銀と最初に話をして融資が決まれば、ほかの銀行も続いて融資をしてくれる。大手地方銀行が出すのだから、安心だというわけだ。

リーマンショックの時、都銀から融資を断ち切られる経験をした。都銀ともなれば融資額は大きい。だが、その分、危険も伴うという教訓だった。協調融資はその解決にもなる。

その後の開発では、数十棟規模のものでは3行による協調融資、100棟を超える開発では4～5行による協調融資により、資金調達を行うようにしていった。

第5章　高品質の住宅を低価格で提供するために

潜在力のある千葉ニュータウンにチャンスが

大規模な開発に話を戻すと、2015年から本格化したのが、千葉ニュータウンの開発である。その広大な土地、分離発注による建設と造成技術、金融機関との信頼関係に基づく安定した融資。これらがうまく噛み合った集大成とも呼べる仕事だ。

千葉ニュータウンが事業認可されたのは1969年と、半世紀も以前のことで、この時の事業区域は2912ha、居住人口34万人を目指す計画だった。だが、思ったように入居者が集まらず、20年後の1986年には、事業区域は1933ha、計画人口17万6000人と、当初の約半分に縮小された。その後も何度も計画は縮小され、2017年現在の計画人口は14万3000人となっている。

これをもって千葉ニュータウンは大規模な住宅開発の失敗例として語られることが多い。だが、私はそうは考えていない。逆に大きなチャンスを得た気持ちでいる。

確かに計画は大きく後退した。2017年6月末時点の人口は9万7753人と、計画の3分の2程度、最初の計画と比べれば3分の1以下だ。しかし、八千代市に隣接して東側から北へ広がる船橋、白井、印西の3つの市にまたがり、東西約18㎞、南北2～3㎞の横長の、総面積は約1930haにおよぶ大規模開発であり、街は念入りに計画されたことで、生活の基本的なインフラはどこにもないぐらいに揃っている。

学校、病院、都心への交通手段はもちろん、2000年前後からは、定期借地を利用した大型商業施設の誘致が進み、生活に欠かせない食品スーパーを筆頭に、食品や衣料品、雑貨も扱う総合スーパー、家電量販店、ホームセンター、人気の専門店や飲食店が集積するショッピングセンターなどが続々と進出した。

住みやすさは誰しもが認めるところであり、千葉ニュータウンの東部、印西市は、東洋経済新報社の「住みよさランキング」で2012年、全国約800の都市中、第1位を獲得し、以後、2016年まで5年連続でトップに輝いている。

実は、京成高砂駅から印旛日本医大駅まで、千葉ニュータウンを東西に走り抜ける住民の基本的な足である北総鉄道北総線の運賃の高さは評判が悪い。人口が思ったように増えていない理由のひとつでもあるのだが、同線は西へは京成押上線、都営浅草線、京浜急行本線に相互乗り入れし、千葉ニュータウンから日本橋や羽田などへ直通でアクセスできる抜群の利便性を持っている。

さらに、2010年には都心と成田国際空港を結ぶ成田高速鉄道アクセス（成田スカイアクセス）が北総線から延伸する形で開通し、千葉ニュータウン中央駅から約25分で成田空港駅に着く。市川市から千葉ニュータウンを経て成田市までつながる北千葉道路（国道464号）の建設も進んでいる。

住む上でも仕事をする上でも、千葉ニュータウンの持つ潜在力は大きい。きちんと開発しさえすれば、まだまだ発展する余地が残されているのである。

そこで、我々の出番である。2014年から我が社は千葉ニュータウンでの住宅地の開発を本格化させていった。

続々と始まった大型開発

2014年、造成を開始し、順次住宅建設を進め、2015年8月から販売を開始したのが、「アットホームタウン ブライトアベニュー千葉ニュータウン中央」だ。北総鉄道北総線・千葉ニュータウン中央駅から南西方向に徒歩約18分のところに、全部で61区画の住宅を建てた。

各区画の土地の面積をすべてを51坪以上にし、住宅ののべ床面積も33坪以上と余裕を持たせた。

1階は天井高2・5ｍと空間を広々と取り、リビングとダイニングは床暖房にして快適さを追求。天井裏を利用したフリーな空間「アットスペース」（後述）を標準仕様で設けるなど、遊び心も加えた。もちろん耐震性、機密性など基本的な性能は十分に満たしている。

家の周りには庭のほかにカースペースもしっかりと取り、区画全体の道路を同じ植栽で囲んで、住宅地全体の統一感もつくりあげた。また、区画内の道路幅は6ｍとこちらも広めにし、家も街もゆとりの感じられる家づくり・街づくりを目指した。

駅から歩くには18分とやや時間がかかるが、途中、大きな公園があり、環境は抜群だ。また、住宅地の周りには食品スーパーをはじめ生活に不可欠な店舗が充実している。小さな公園も点在しているので緑も豊か。

すぐ隣の区画には既存の4～5階建てのマンションが並ぶが、こちらも計画的に土地を使っており、圧迫感はない。むしろ隣と合わせて街全体に余裕を感じられる。計画的につくられてきた千葉ニュータウンならではだろう。

「ブライトアベニュー」の住宅価格は2600万円台からにした。周りの相場から比べるとかなり低く抑えたこともあり、約2年で完売した。

これとほぼ同時期に開発を始め、1カ月遅れの2015年9月より売り出したのが「アットホームタウン　ステータスヒルズ千葉ニュータウン中央」だ。千葉ニュータウン中央駅から西方向へ徒歩12分の良好な立地に、64棟の住宅を建てた。

土地の広さ、家の設備、庭のつくりは「ブライトアベニュー」と同様だが、建物の床面積は平均で35坪とさらに広めにし、快適さとともにゆとりを追求した。価格も3000万円から3000万円台半ばと高めだが、駅への利便性や、ゆとりを追求した家づくりが評価されたのだろう、1年ほどでこちらも完売した。

この「ステータスヒルズ」の開発こそ、自前による造成の力が大いに発揮されたところだ。東西、横長に伸びた「ス

ブライトアベニュー千葉ニュータウン中央

ステータスヒルズ千葉ニュータウン中央

テータスヒルズ」の北側は、実は崖になっていた。そのため、土地を所有していた公的機関は、住宅地としての開発を諦めていた。造成もされず、何ら価値のない土地として、長年、放置されたままだったのだ。

だが、私には土地の持つ価値がすぐに理解できた。駅から近いことは大きな利点だ。多少の崖や谷は地盤を確認してきちんと造成すれば、かえって景観のよい土地になる。造成を自前で行う我が社から見れば、困難より可能性のほうが大きい。実際、造成によって思った通り、立派な住宅地にすることができた。見晴らしのよい宅地に生まれ変わり、取り合いになったほどだ。かつて、放置されていた土地は、好立地の住宅地に生まれ変わった。

誰でもやろうと思えばできたはずだが、長年、千葉ニュータウンには人が集まらないという固定観念が染み渡っていた。あえて手間をかけて開発しても、住む人は現れないと考えていたのかもしれない。

この本を執筆中の2017年現在、進行中の開発にも触れておこう。

2016年10月から販売を開始した「アットホームタウン パストゥーレコート印西牧の原」は、北総線・千葉ニュータウン中央駅の隣の駅、印西牧の原駅から西へ歩いて19分のところに、1期として152棟、2期で94棟、合わせて246棟の大型の住宅地だ。

こちらも充実した設備とゆとりの家づくりを目指し、売り出し価格は２３００万円からにして、３０００万円を上限としたところ、順調に売れている。

同じく印西牧の原駅から南方向へ約９００ｍ、徒歩10分強のところに、現在開発中なのが「アットホームタウン　スタシオン印西牧の原」だ。第１期が２３２棟、第２期が２７５棟、計５０７棟の住宅からなる超大型の住宅地になる。

全区画が51坪以上、床面積33坪以上というところはほかと同様であり、家が面する道路の幅も広々と取った。また、住宅地のすぐ隣には、小さな子どもたちのための遊具や芝生、広場を備えた東の原公園があり、おとなも子どもも、家族みんなで楽しくのんびりと過ごせる。

パストゥーレコート印西牧の原

第1期の分譲での価格は3000万〜3200万円だったが、第2期での中心価格帯は2800万円台、最も安い区画は2400万円からとしたところ、非常に人気を呼んでいる。

さらに北総線・印旛日本医大駅から南東方向、徒歩で約7分のところにあるのが「アットホームタウン アリエッタ美瀬」だ。全部で47棟の住宅地で、1区画の面積は最低でも53坪、最高では73坪とさらにゆとりを追求したことが大きな特徴だ。街全体が開放感にあふれているといっても過言ではない。

駅に近いばかりでなく、駅と住宅地の間には池を備えた松虫姫公園もあり、環境は抜群だ。価格は2400万円台から3000万円台と手ごろで、すでに9割が売れている。

このほかに印西牧の原駅の北東方向の印西市滝野でも開発が進んでいる。「西成田グリーンフロント滝野」は、駅から19分と若干距離はあるものの、途中には牧の原公園や滝野公園などがあり、多くの緑の中で生活ができる抜群の環境だ。

千葉ニュータウン全体で我が社が開発する総坪数は約5万坪、建設する住宅数はのべ1000棟に及ぶ。我が社始まって以来の大規模開発であり、2017年秋現在、670棟の建設が終わり、その約半数が販売を完了している。

次期開発用地に立つ著者

造成された「アットホームタウン スタシオン印西牧の原」の宅地

質が高いのに、低価格な住宅を実現した強み

千葉ニュータウンで住宅開発を行っている民間業者は20ほどにのぼるが、我が社ほどの勢いで販売を続けている会社はほかにはない。つくれば売れる状態が続いており、現在も月に25〜30棟が必ず売れている。

なぜ、売れるのか。

それは我が社の「高品質の住宅を安く」がよく理解されているからだ。

特にここ千葉ニュータウンでは、自前造成によるコストダウンの効果が大きい。住宅価格は仕様で大きく変わり、相場にも左右される。一概に比較できないのだが、同じ規模の住宅ならば、我が社の住宅は他社のよりも大幅に安いことは間違いない。本当によいものを本当に安く提供できる、それが住宅を求める人の心に響いているのである。

では、なぜここまで安くできるのか。土地の購入と造成のしくみに秘密がある。

すでに触れたように、千葉ニュータウンには、住宅地としての高い潜在力を持ちながら、放置されてきた広大な未開発の土地があった。千葉ニュータウンでは今さら新たな

住宅開発など進まないという思い込みが、開発の関係者に、そして一般の人にもあり、実際に地価は低下傾向にあった。

だが、我が社はその価値を見いだしていた。公的機関がとても開発は無理と見なしていた山も谷も、もちろん平地も、まとめて土地を購入した。我々には造成の技術がある。山があっても、谷があっても、それを活かして立派な宅地にすることができる。しかも、それを、大手建設会社や大手土木会社が行う費用よりもずっと安い価格で行うことができる。

幸いなことに、交渉の対象となっ

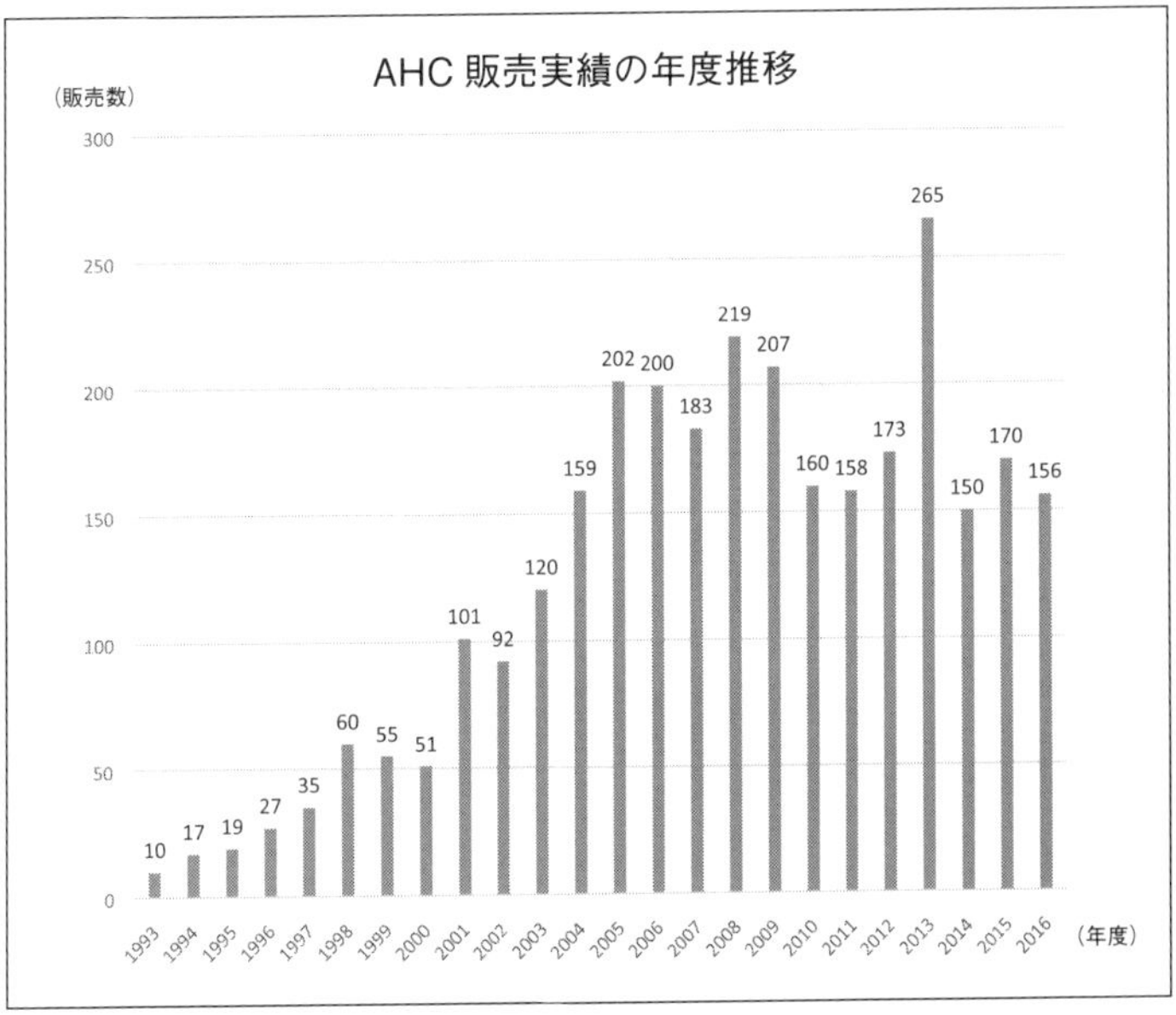

た5万坪は良好な平地が多かった。印西牧の原付近の土地は、もともと旧日本陸軍の草深《そうふけ》飛行場の跡地だ。初めからほぼ平坦で、住宅地として最適の土地だった。

平地とともに山や谷も合わせて造成することで、トータルの土地価格を大幅に抑えることができ、その上、宅地化を自前で行うことでコストを下げられた。二重のコストダウンが実現し、これによって住宅価格を大幅に下げることができたのだ。

では、なぜ、同じことがほかの大手住宅メーカーはできなかったのだろう。

大手の住宅メーカーは、造成済みの土地に家を建てるのが一般的である。造成は自分たちの仕事ではないと思い込んでいるのだ。

土地を持つ所有者もまた、大手住宅メーカーには、造成済みの土地を提供することが当然と考えているようだ。特に千葉ニュータウンのような大型開発では、それが常識のようになっていた。

大手住宅メーカーには、〝造成済みの住宅地〟が提供されることになり、その土地の上に住宅を建てれば、当然、住宅価格も上がってしまう。かくして大手住宅メーカーのつくる住宅は高めになり、販売は思うようにいかなくなる。売るのに苦労する経験が伝わり、千葉ニュータウンには入居者が来ないという伝説が強化されることになる。

我が社はそれを根底から覆すことに成功した。造成をグループ会社でできる強み、造成という技を持つ強みを発揮できたからとも言えるだろう。何をするにも高くつくという思い込みのおかげで、安さがさらに際立つことになった。売れて当然だろう。

徹底した耐震対策は地盤・基礎づくりから

順調に千葉ニュータウンで住宅の販売を続けられるもうひとつの理由が、住宅の質に妥協しない姿勢だ。「高品質の住宅」を徹底的に追求してきたことが大きな評価を得ている。

1990年代後半になって我が社は分離発注を開始し、それを実践してくれる秋栄会のグループ企業も定着し、同時に建築資材を我が社が選定して購入することで、常に最新の技術・最良の品質を取り入れることができるようになった。これが「高品質の住宅を安く」を根拠のあるものにすることができた理由だ。

そもそも「高品質の住宅」とはどのようなものを指すのだろう。ここで我が社が形にしてきた「高品質の住宅」の具体的な姿を見ていくことにしよう。

我々は、耐震性、断熱性、そしてデザイン性の3つの視点で「高品質の住宅」を追求してきた。

安心して住めることは家の何よりの基本だ。住宅にまず求められるのが「安心安全」であり、そのために採り入れたのが、数々の耐震設備だ。

まず、家を建てるための地盤を確かなものにする。我が社が業界に先駆けて2000年前後に採り入れたのが、住宅地の地盤調査と地盤改良である。

調査はスウェーデン・サウンディング方式で行っている。これは、長いドリルで地面を掘っていき、上から錘《おもり》で圧力をかけ、地盤のしまり具合を調べる方法だ。

その名の通り、20世紀初頭にスウェーデン国有鉄道が不良路盤の試験方法として用いたもので、その後、スカンジナビア諸国で普及した手法だ。日本では1950年代から河川堤防の地盤調査として用いられ、住宅建築の地盤調査に応用されてきた。

検査の判定は、第三者の立場である地盤ネット株式会社に委ねている。改良が必要と判断された場合は、地盤改良を行う。

ボーリングした穴にコンクリートを流し込んで固める柱状工法が一般的だが、それでも不十分な場合は、地下10m以上まで細長い鋼管を埋め込む鋼管工法を用いる。

地盤を確固たるものにした後は、その上に建てる住宅にも当然、数々の耐震工法を施している。

我が社が提供する住宅は、木造軸組工法でつくられている。縦に伸びる柱と、柱と柱との間を梁《はり》と呼ばれる横方向の材料で組み上げていく工法だ。建設途中の住宅をのぞいてみると、木材が張り巡らされた様子を見ることができるだろう。それが木造軸組工法だ。日本の住宅の7～8割はこの工法で建てられている、最もポピュラーなものだ。

その耐震のために用いる代表的な部品が、アンカーボルトとホールダウン金具である。これらも決して珍しいものではなく、木造軸組工法では昔から使われてきたものだが、そこに我が社の高品質のひとつが隠されている。

家をつくる場合、まず基礎をつくる。地面を掘って溝をつくり、コンクリートを流し込む。コンクリートを流し込んだ地盤が地中に埋まっているので、地震によって動いたり壊れたりすることはない。一方、基礎のコンクリートは地中に深く埋めつつも、一部は地上に顔を出して床下をつくり、換気のためのスペースや

AHCの地盤改良工事

空気の通り道をつくる。人が住むことができる快適な空間をつくるには、湿気等を逃す必要があるからだ。

基礎が固まると、その上に土台と呼ばれる横材を配置する。コンクリートの基礎と土台となる木材をしっかりと固定する必要がある。それを果たす部品がアンカーボルトだ。

コンクリート製の基礎に直接、埋め込むボルトのことで、突き出たボルトがその上の土台の木材に打ち込まれて、基礎と土台を固定する。木造建築には一般的に使われているものだが、我が社ではこのアンカーボルトの一部にケミカルアンカーを用いている。

アンカーボルトは通常、基礎のコンクリートを打設する時に埋め込んでおくか、コンクリートが固まった後でそこにドリルで穴を開け、ねじ込んで固定する。最初からコンクリートに埋め込む場合、アンカーボルトの位置を正確に決めて、埋め込む深さを調整するのに手間がかかる。その点、コンクリートが固まった後に穴を開ける工法のほうが、ボルトの位置を正確に決めやすい。だが、その代わり、ボルトをしっかり固定するためには、穴を深く掘る必要があり、それはそれで手間がかかる。

両方の弱点を補うのがケミカルアンカーだ。コンクリート打設後にドリルで穴を開けるところまでは、通常のアンカーボトルと同じだ。だが、その後、開けた穴をきれいに掃除して、中に接着剤の入ったカプセルを入れ、その上からボルトをねじ込んでいく。

穴の中でカプセルが破れて接着剤が流れ出し、硬化する。こうしてボルトはコンクリートにしっかりと固定される。

ケミカルアンカーは、コンクリート打設後に穴を開けるため、位置を決めやすい。また、接着剤が最もよく硬化するための深さがあらかじめ決められているので、穴を必要以上に深く開けることがない。ケミカルアンカーは鉄筋コンクリートの建物の建設ではよく使われているが、我が社では木造建築の住宅にこれを使うようにした。

もし、地震が起これば、基礎であるコンクリートとその上の土台とが揺れ動く。その時、アンカーボルトが抜けやすいと、基礎と土台がずれて、家の根幹の構造が崩れてしまいかねない。ケミカルアンカーによって、基礎と土台をがっちり固定することで、そのような懸念を払拭している。

基礎と土台ばかりでなく、その上に建てる柱までつないで一体化する部品が、ホールダウン金具だ。我が社はそれも数多く使うようにしている。

ホールダウン金具は、通常は穴の並んだ金属のプレートで、穴にボルトをねじ込んでコンクリートや木材に固定する。基礎、土台、柱の各材料をつなぎ留めるため、それぞれの位置関係によって形状や大きさは多様にある。長い棒状のものもあれば、直角に曲がったものもある。

高価なものなので、一般の住宅で使われるのは数個ほどだが、我が社は13～15個ほど使うようにした。使った分だけ基礎と土台と柱ががっしりと固定され、地震に対する不安がなくなる。

木造軸組工法で家をつくる場合、筋交《すじか》いも忘れてはいけない。補強のための材料だ。縦の柱と横の梁で四角い空間をつくって組み上げた、その四角の対角線上に斜めに入れる木材を筋交いという。

筋交いを入れることで、柱と梁でできる四角形が変形することなく形を保ち、ひいては家全体が歪むのを防ぐ。筋交いを入れる時に使う補強のための金具の数も通常の倍にするようにしている。

それだけではない。さらに、柱と梁、そして筋交いで組み上がった四角形の枠に、パネルをスッポリとはめ込んでしまう。

パネルは合板でできており、縦にも横にも斜めにも強く、変形は極めて少ない。柱と梁と筋交いでしっかりと組み立てられた構造に、さらに重ねるようにパネルをはめ込み補強すれば、横からの力に耐える強度を2・5倍から3倍にすることができる。

木造軸組工法とよく比較されるのがツーバイフォー工法だ。木造軸組工法が、柱と梁、筋交いで家の構造をつくっていくのに対し、ツーバイフォー工法は、壁そのもので構造をつくって強度を保ち、家全体を形づくる。我が社の方法は、設計の自由度の高い木造軸組工法を採り入れつつ、壁で家を補強するツーバイフォー工法の利点を採り入れたものといえる。

基礎、土台、柱を完全に一体化し、さらに柱、梁、筋交いによる構造をパネルで補強する。何重もの補強策で、本当に地震に強い住宅をつくることができる。

念には念を入れたこれらの耐震対策は、間違いなく効果をあげている。２０１１年３月11日に起こった東日本大震災では、千葉県内も大きな揺れに見舞われた。特に沿岸部の埋め立て地では液状化現象による被害が大きかったことは記憶に新しい。

だが、我が社がつくった住宅は全く無傷だった。埋め立て地である幕張メッセ付近に建てた約１００棟を含め、震災当時、我が社が千葉県内に建てた住宅はおよそ２０００棟に及んでいたが、損傷を受けた家は１棟もなかった。

高気密、高断熱で快適な空間を

家の品質とは、もちろん耐震性だけではない。暮らしていく上で欠かせない要素は、安心に加えて、快適さだ。そのため、標準仕様に一級品を使用することに強くこだわっている。

その第一は、夏の暑さ、冬の寒さを防ぐこと。

冷暖房を効率的に働かせるために目指したのが、高気密・高断熱の家だ。暑さ、寒さを防ぎ、光熱費の削減に役立つ。

高気密・高断熱のための断熱材を、壁と天井に用いている。断熱材も年々改良され、新製品が生まれているので、常に最善のものを導入するように努めている。初期は、通常使われる板状の断熱材を二重に敷き詰め、高気密・高断熱を実現していた。現在は、大きなホースで泡状の断熱材を吹き付ける方法に切り替えた。硬質ウレタン・ノンフロン発泡断熱材である。

これはどのようなところにも吹き付けることができ、柔軟で経年変化がないため、隙間をつくることがない。家の構造をつくる木材は、長年の間には若干、やせたり変形したりすることがある。だが、その時でも、発泡断熱材は材木の変形に応じて自身の形も変わり、隙間をつくらない。家の基礎部分から壁、天井までまんべんなく吹き付けることで、高い断熱性を保持することができる。

我が社では屋根裏の空間を有効利用した「アットスペース」を提案し、好評を博している。一般的な屋根裏利用では、しばしば断熱性が行き届かないことが問題になるが、我が社が用いている発泡断熱ならば問題ない。天井裏にも隙間なく断熱材を吹き付けることができるので、「アットスペース」も通常の部屋と変わらない快適さを保てるのだ。

窓のサッシも断熱サッシを用いている。熱の出入りが激しい窓の断熱性を高めることは、断熱の効率を高めるために欠かせない。断熱サッシは、外側はアルミ製だが中が樹脂になっている構造のサッシで、熱を遮断する性能が高い。通常は東北や北海道など寒さの厳しい地域で使われているものだが、千葉県の我が社でもあえて採り入れた。

高品質のために素材を厳選、よりよいものを取り入れる

家の各所で用いる素材も厳選したものを使っている。

柱や梁などの建材には、主に集成材を用いている。

かつて我が社でも「檜の柱のある家」のように、無垢材にこだわった家づくりを試みたことがあった。確かに高品質の無垢材は優れた材料であり、見た目にも高級感がある。家の建て主にも喜んでもらえた。だが、その分、値が張り、どこの家でも気軽に使うと

いうわけにはいかなかった。

その点、木材を接着剤で貼り合わせた集成材は、強度や耐久性についてはあらかじめ計算してつくられており、バラツキのない安定した品質を持っているので、安心して使うことができる。価格も低く、大量の入手が可能だ。

実は、1本の木から切り出したそのままの無垢材よりも、集成材のほうが強度や耐久性も優れている。

集成材が出回り始めた当初は、製造工程で用いる接着剤がシックハウスの原因とされ、問題視されたこともあったが、今は改良されてホルムアルデヒドの放出は極めて少なく、安全性に心配はない。

屋根には瓦を使うようにした。それも陶器製の瓦にこだわり、最も品質が優れているといわれる愛知県の三州瓦を用いている。

一般の住宅の屋根でよく使われているのは、セメントや粘土、パルプ繊維などを組み合わせた軽量の素材。瓦を使っている場合でも、コンクリート製が見られる。かつては我が社も軽量の素材も使っていた。品質は決して悪くはない。安価で施工がたやすい。恐らく日本で最も普及している素材だろう。だが、ある時から、あえて屋根の素材は三州瓦一本に絞った。

多少、重量はあるものの耐久性が高く、何よりその重厚な趣が家に格調を与える。建て主には例外なく喜んでいただいている。確かにそれに値する価格ではあるが、これも、分離発注により我が社はリーズナブルな価格で入手することができている。

ワンランク上の設備

安心と快適な暮らしのために、設備類は実績のあるものを用いている。

防犯のため、家のすべてのガラスには強化ガラスを用い、電動シャッターをつけた。就寝時や外出時には、ワンタッチで開閉できる。

玄関にはリモコンキーを採用した。ポケットやバッグにキーを入れておけば、ドアに近づいただけで解錠する。カギを取り出して差し込む手間がいらない。家を出る時はドアを閉めるだけでオートロックされ、カギの閉め忘れがなくなる。

また、玄関のカギ自体は必ず2つにして、さらに不正解錠しにくい構造のシリンダーを用いた。あらゆる場面を想定して防犯を万全にしている。

家の内部の照明はすべてLED化し、暖房には床暖房を採用、バスルームにも暖房乾

アットホームセンターショールーム

ショールームでは標準仕様に採用している製品を見て回り、間取りや資材・設備の選択など、設計士と相談しながら検討する。

豊富な種類から選べる玄関扉や屋根瓦、壁材

大手メーカー品が揃う水回りの設備

燥機能をつけた。寒い冬、暑い夏、季節によらず、いつでも、家中のどこでも快適に過ごせる。雨の日の衣類乾燥にも困らない。

キッチンには食洗機。また、トイレや洗面台など、毎日使う設備にも、一流メーカーの新型機を揃えた。暮らしを快適にするための設備を随所に取り入れている。

ここまで見てきた、地盤を固める段階から、建築素材、設備は、すべて「アットホームセンター」ブランドの標準仕様、つまり販売価格に含まれた品質だ。

土地は50坪以上、家は33坪以上

広さもまた住宅の質を決める大事な要件だ。

我が社では土地の面積は50坪以上、建物ののべ床面積は33坪以上という条件で住宅をつくっている。広々としてゆったりとくつろぐことができ、庭では小さな子どもたちが安心して遊ぶことができる。カースペースも確保され、窮屈な思いをすることがない家。これは、私が子ども時代に得られなかったものであり、住宅づくりを手がけるようになった時から、供給したいと願い続けている住宅だ。土地、家、いずれにとっても広さは、「高品質の住宅」に不可欠の要素と考えている。

我が社がまだ分離発注を始めておらず、住宅の設計や建設を工務店に〝丸投げ〟していた時代には、もっと小さな家を建てていた。当時、住宅金融公庫（住宅金融支援機構の前身）からローンを借りるための条件が、土地が１００㎡以上というものだったため、そこに合わせた。１００㎡といえば坪に直せば33坪程度。東京の基準なら決して狭いとは言えない面積だが、千葉県では小さな部類に入るだろう。

バブル崩壊後に分離発注を始めたが、しばらくの間はやはり30坪前後の土地に家を建てて、分譲していた。

実際に家を持った人の中で、広さに不満を持つ声があったわけではない。だが一方で、これから家を建てようとしていた人の中には、千葉なのだからもっと広い家に住みたいという声があったことも事実だ。主に東京や神奈川から来て、千葉で家を持ちたいと考えていた人たちだ。千葉なら広い土地がある、ゆったりとした家を持てるに違いない。そんな期待があった。そうした様子はリーマンショックを何とかやり過ごした後のころから、顕著になった。

１９９０年代はバブル崩壊で業界は大混乱に陥り、ようやく落ち着いたと思ったところに、２００８年に海外からリーマンショックがやってきた。業界関係者にとってはたいへんな時期だったが、家を持ちたいと考えていた一般の人にとっても、自分の家を持つ夢を壊された出来事だった。

リーマンショックが何とか落ち着いたころ、人びとは自分たちが本当に求めている家の姿を真剣に考え、実現に動き出したように思う。我が社が、土地は最低でも50坪以上、その上に建てる家の床面積は33坪以上にすると、それが売れていった。

50坪の土地があれば、ゆったりとした庭を持つことができる。そこに33坪以上の住宅を建てれば、広い居間でゆっくりとくつろぐことができる。土地と建物に十分な余裕があってこそ、本当の意味での安らぎや癒やしが実現するのだ。

改めて、我々もその価値に気づき、以後は、土地は50坪以上、家の床面積は33坪以上を基準に家を建てることにした。

夢がかなう「フリープラン」が人気

ここまで来れば、「理想の家」までもう一歩だ。私は、顧客がもっと家づくりに参加できるように、デザインにも目を向けてもらいたいと考えた。

それが「フリープラン」だ。その名の通り、住宅の間取りを自由に設計できる。我が社専属の設計士とともに、間取りの段階から自分が望む形で家をつくることができる。もちろん壁や床の素材、色合い等も、多くのサンプルを見ながら選ぶことができる。世界に一つだけのオリジナルの家を建てることができるわけだ。

我が社がフリープランを打ち出したのは早く、創業から6～7年目のことと記憶している。自ら土地を仕入れるようになり、そこに建売住宅を建てて売り出し始めたころのことだ。フリープランという付加価値をつけて差別化し、購入者に喜ばれていた。

もっとも当時は、住宅の建設は工務店に〝丸投げ〟していたので、設計もその工務店にすっかり任せており、フリープランもまた、その工務店におんぶにだっこというのが実態ではあったのだが。

それでもフリープランが建て主の要望を汲み取っていたことに違いなく、だからこそ喜ばれたのだ。だが、実際のところ、販売する我々は設計の何を変えたらどうなるのかを完全に理解していたわけではなく、もどかしさがあった。我々が販売する以上、いつかはフリープランも我々がコントロールしたいと、ずっと願っていた。

そんなフリープランが実現するのは、分離発注を始めて、建設に携わる職人の手配も、住宅建設に用いる資材の調達も、直接、我が社が行うようになってからだ。私自身が、資材の卸業者や商社などの関係者に話を聞いて回って、仕入れルートを何とかつくっていく過程で、設計次第で用いる資材が変わり、それによって家の質も値段も大きく変わることがわかってきた。そうなると、次は住宅の設計そのものに手をつけなければならない。

モデルルームでは、フリープランの自由な空間イメージが広がる。
上からアットスペース、ミセスコーナー、フリースペース

設計も自分たちで行って初めて、建設過程におけるブラックボックスはなくなる。真の分離発注が実現し、我が社が住宅建設について一から十までイニシアチブを取ることができるのだ。

だが、最初は外部の設計事務所に依頼していた。建築設計の専門家と、どこにどのような材料を用いればよいのか、綿密に話し合いながら住宅の建設を進めた。その間、よく勉強して、設計や建設についての理解は格段に進んだと思う。すべてを〝丸投げ〟していた時に比べれば大きく前進したわけだが、それでもどこか物足りなかった。どうしても踏み込めない専門的な領域が残っていた。肝心のところで、設計士の言いなりにならざるをえなかった。それを何とか克服したいと考えるようになった。

そこで、設計のできる人間を直接、会社で雇うことにした。建築士の資格を持つ人間を採用して、社内で住宅設計を行うようにしたのだ。これによってフリープランは、真の意味で我が社のオリジナルのサービスにすることができた。

開発が決まり、宅地を造成して住宅を建設。その住宅を販売する「建て売り」に先行して、宅地の段階で購入を決めてもらい、そこに家を建てる販売方法を「売り建て」と言う。フリープランはこの売り建ての一種で、建て主には開発段階で定められた区画、基礎工事等の枠組みの範囲内で自由に設計してもらう。本社のカウンセラー室では、毎日のように建て主と設計士が顔を合わせて相談する姿を見ることができる。

建て主には、あらかじめ自分の望む間取りを簡単な図にして持ってきてもらう。それを参考にしながら、設計士がコンピューターに入力して、その場で正式な図面を画いていく。

参考にする図面も何もなく、全くの白紙からつくりあげることもある。一緒にいくつかのモデルハウスの間取りを見ながら、「何歳の子どもが何人」とか「部屋数はいくつ欲しい」といった要望を聞きつつ、図面を画く場合も多い。

大枠の間取りができあがると、どの部屋にどのような床材を使いたいのか、壁や天井の色はどうするかなど、具体的な相談に入る。

本社に隣接するショールームには何種類もの壁材や玄関扉の見本を用意し、キッチンやトイレ、風呂などの設備についても日本を代表するメーカー各社の製品を取り揃えている。建て主は実物を見ながら、ひとつひとつ決めていくことができる。標準となる床面積や使う資材の基準範囲内での選択であれば、販売価格内である。

フリープランの設計には料金は発生しない。

プランによって床面積が増えたり、特別の資材、あるいは高価格な設備を使った場合にはプラスアルファになる。もともと標準仕様に用いている資材や設備はいずれも一級品なので、品質面でその範囲を超えるというより、大型ウッドデッキを取り付ける、フィギュアコレクションのコーナーを設けるなど、趣味や嗜好を実現するために特別注文になる場合が多い。最近は標準外の外壁を希望する人も増えている。標準仕様でも、十分に頑丈な外壁なのだが、より分厚くて頑丈なものが人気だ。

望みの家になるよう、納得できるまで何度でも設計のやり直しに応じる。予算と照らし合わせながら、「あっちの資材がいいのではないか」「やっぱりこっちの設備に取り替えよう」という検討も可能だ。

とことん自分の目で確かめながら検討し、納得した上でつくる家への満足度は、抜群に高い。

遊び心を満たす「アットスペース」

我が社の設計の特色の中でも、特に人気が高いのが「アットスペース」だ。二階の上に付く小部屋で、標準仕様としてつけており、フリープランでは必ずといっていいほど、個性的な要素を希望される。アットスペースは、フランス語でグルニエと言われる、屋根裏を利用したスペースにあたる。もともとはスペースの有効利用として生まれた収納のための物置という位置づけだ。天井高1・4m以下、出入りするためのハシゴは固定式ではないなどの条件を満たせば、家の床面積には計算されない。多くの場合、施工費もかけず、壁や天井は剥き出しのままだ。文字通り、物を置いておくためだけに使われている。

我が社のアットスペースは、グルニエと同様に天井裏の空きスペースを利用したものだが、単なる物置にはしなかった。ひとつの部屋として完成度の高いものをつくった。床、壁、天井には通常の部屋と同等の材料を使っている。また、人が頻繁に訪れることができるように、固定式の階段を備えた。2階からさらに階段を上ったところにある特別な部屋という位置づけだ。

天井高1・4m以下とグルニエ同様だが、実際には勾配のある屋根に沿って空間が広がっているため、部屋の中央部分は小学生が立っても支障のない高さがある。傾斜のある天井の形はいびつに感じられるかもしれないが、むしろそのちょっと変わった形が、普通の部屋とは違う雰囲気を醸し出し、特に子どもたちにとっては特別な空間になる。子どもの秘密基地にはもってこいだろう。床に座って読書の部屋としても、あるいは工作や裁縫など趣味の部屋としても使ってもよい。おとなでも、ひとりになりたい時にこっそり訪れる場所にしたり、部屋いっぱいに趣味の鉄道模型やジオラマを広げて楽しんでいる人もいる。屋根に窓を設ければ、天体観測のスペースにもなるだろう。親子でワクワクした時間を過ごせる、特別な部屋にできる。

天井高の制限は守っているので、家全体としてはあくまで2階建てということになる。しかし、固定式の階段をつけているので、ひとつの部屋の扱いとなり、居住スペースとして床面積にカウントされる。本来ならば増えた面積の分、施工費も上乗せされるところだから、6畳ほどのスペースの場合、ざっと100万円ほど余分にかかる計算だが、我が社はそれを標準仕様とした。

つまり、ちょっと不思議な形をした部屋をオマケで増やすことができる。これほどお得なことはない。人気が出るのも当然だろう。

高い効果のエコ関連設備を採用

耐震性、高気密・高断熱、質の高い素材の使用、50坪以上の土地と33坪以上の建物面積、そしてデザインの自由度。いずれも、「高品質の住宅」、私の考える「理想の家」に欠かせない条件だ。これら、我が社の追求する家づくりの方向性を一通り説明してきたが、技術は日進月歩だ。常に新しい技術を採り入れていることも付け加えておかなければならない。

ここ10年ほど、住宅の標準仕様として備えてきたのが、エコ関連の設備だ。最初に採り入れたのが「エコジョーズ」だった。ガス湯沸かし器の一種だが、ガスを燃焼させる際、従来は排気されていた熱を回収して、再利用するしくみを備えた装置だ。従来より大幅に効率がアップし、省エネに貢献できるものだ。

次に採り入れたのが「エコウィル」。これはガスでタービンを回して発電させる装置だ。エコジョーズがガスを燃やしてそれをエネルギーにしつつ、排熱も無駄にしない改良型のガス湯沸かし器であるのに対し、エコウィルはガスを燃料としながら取り出すエネルギーは電気である点が大きく違っている。

発電のためにタービンを回す際、発生する熱を回収して再利用するしくみはエコウィルも備えている。ガスで電気を生み、その際に発生する熱もしっかりと利用するコージェネレーションのしくみだ。

「エネファーム」は、家庭用の燃料電池のことだ。ガス中の水素と空気中の酸素を結合させ、その化学反応で電気を生み出す。発電するという意味ではエコウィルと同様であり、また、発生した熱を再利用するところも同じだ。コージェネレーションのひとつなのだが、エコウィルがガスを燃焼させてタービンを回し電気を得るのに対し、エネファームは化学反応で発電するため効率が桁違いに高い。

エコジョーズ、エコウィル、エネファーム。似たような名前だが、このようにしくみは全く違い、得られるエネルギーの形も違う。技術的には、エコジョーズ、エコウィル、エネファームの順で発展してきた経緯があり、価格も高くなっている。

我が社では2005年前後にエコジョーズを住宅の標準仕様として採り入れたが、その後、それをエコウィルに替え、現在ではエネファーム一本に絞って全棟標準として設置している。

エネファームは最新の技術による設備であり、最もエネルギー効率が高く、省エネに貢献する。価格が高いことが問題だったが、大量に仕入れることで、ほかの2つの方式に負けない低価格で提供できるようになった。

エネファームを標準の仕様としつつ、最近では、さらに太陽光発電もオプションとして加えている。屋根にパネルを敷き詰めて、太陽光で発電する装置だ。エネファームと太陽光による2つの発電を行えば、家で必要な電力をすっかりまかなえるだけでなく、余った電気を売電することもできる。エコ住宅の実現だ。

第6章　少数精鋭で未来の家に挑む

試行錯誤の末に人材を絞り込む

２０１６年度の我が社の年商は53億４０００万円となった。

かつて、80億円を超えた時期があった。その時は支店を9つに増やし、社員は１００名を超え、売上１００億円を目指したこともあった。だが、第4章で記したように、ダウンサイジングして八千代市とその周辺に開発地域を絞り、むやみに売上を追いかけることをやめた。

今は利益を第一に考えている。利益を追求した結果として、売上がついてくることが理想だ。会社の運営は、少数精鋭で行うことを方針としている。

現在、我が社の事業は大きく3つの分野に分かれる。

新築の住宅の販売分譲、ビルや店舗の賃貸、そして住宅のリフォームだ。この3本柱を少数精鋭の社員で引っ張っている。

新築住宅の分譲については、現在、年間に建てる住宅は２００棟に及んでいる。売上、利益とも全体の8割を占める我が社のメインの事業だ。これからも大きな柱であり続けることは間違いない。

新築の住宅の分譲を担っているのは分譲営業部だ。12名の社員からなる。4名ひと組に分かれ、3グループで驚くほどの成果をあげている。

基本給に加えて、成績に応じて随時報奨する制度を取り入れた。また、グループ全体での報奨制度も設けた。成約を取れば取っただけ報われ、収入も上がっていくしくみだ。

大学卒の新人が配属されるのもこの部署だ。ほかの部署は中途採用が多い。新人は最初の3年間はＯＪＴとして、部長をはじめベテランの社員に付いて、マンツーマンで仕事を覚えていく。入ったばかりの新人がいきなり成約を勝ち取ることは難しいが、見込み客や顧客の名簿を整理して先輩社員に渡すなど、補助的な仕事はできる。成約した際には、それらの仕事もきちんと評価し、歩合や報奨金として形にしている。

新築の分譲時に重要な役割を果たすのが設計部の社員だ。現在、6名体制で、全員が1級建築士か2級建築士の資格を持ち、住宅の設計に携わっている。

設計を内製化して以来、我が社の住宅開発に欠かせないのが建築士の存在だ。特に我が社の売りもののひとつとなっている「フリープラン」を推進する上で、その役割は重要になっている。

顧客には簡単な図面を描いてきてもらい、それをもとに顧客とディスカッションしながら本物の図面に仕上げていく。顧客が描く手書きの図面、時にはそれは思いつき程度の絵だったり、全く白紙の状態からでも、コンピューターを用いて顧客の目の前で図面に仕上げていくのが設計部の社員の仕事だ。

設計の技術がものをいう仕事なので、常に技術を磨くように奨励している。1級、2級の建築士の資格試験に合格すれば、そのために使った資金は助成している。たいていは専門の学校へ通うことになるので、その授業料を補助する。単に参考書を買う程度のお金ではなく、かなりの額だ。

設計部の場合も、基本給のほかに、能力給を支給するようにしている。

フリープラン対応で必要になるのは、建築設計の高い技術だけではない。ディスカッション中に発せられる顧客の何気ない言葉や表情を読み取り、顧客が真に求めていることを知る能力も欠かせない。建築設計の豊富な知識を技術に照らし合わせて、それを形にしていく必要がある。

顧客にとってディスカッションの時間は、新しい家で始まる未来の生活を思い描き、思う存分、夢にひたれる楽しい瞬間に違いない。その夢を、技術という裏付けを持って現実のものにする。非常にクリエイティブな仕事を彼らは担っている。

建設、メンテナンス、リフォームを体系的な組織に

新築の戸建て住宅の建設を担当するのが建設部建設課だ。建設課は、建設工事を担う秋栄会のグループ企業と連携して、新築現場の監督を務めることになる。現在、12名体制だ。

計画を立て、資材を調達し、秋栄会のグループ企業とともに建設にあたる。フリープランによる建設もある上、また、開発規模は大きくなるばかりだから、ひとつひとつ設計の違う100棟規模、時には200棟を超える住宅建設を、決められた納期と予算内で並行して進めていかなければならない。技術、忍耐、着実さを問われる仕事だ。

建設部メンテナンス課は、建てた住宅への苦情や要望を、常時、受け付けている。顧客から連絡があれば、すぐに訪問して解決を図る。苦情にせよ、要望にせよ、何にでも耳を傾けることで、次の住宅開発のヒントも得られる。

また、新築住宅を顧客に引き渡してから1年後には、必ず顧客の家を訪問する。つくったばかりの家に不満など出そうもないと思われるかもしれないが、意外に数多くの要望

が出てくる。

ベランダにひさしが欲しい、太陽光発電設備を設置したい……。実際に暮らしてみれば、ああしたい、こうしたいという希望が膨らむ。それらに耳を傾け、形にしていくことがメンテナンス課の役割だ。

2015年から新しく設けた部署がリフォーム事業部。現在6名体制だ。建設から4～5年を経過すると、外壁にものをぶつけて塗料が剥がれた、屋根に太陽光発電設備を取り付けたいといった相談を持ち込む顧客も出てくる。さらに年数が経てば、経年劣化は避けられない。特に紫外線が直接当たる外壁や屋根は適切な時期に手入れすることで劣化を防げる。また、子どもが成長したので間取りを変えたいという要望も珍しくない。こうした大がかりな補修や改築に対応するのがリフォーム事業部だ。

現在までに我が社が建てた戸建て住宅はのべ3000棟を超えるが、それが直接、リフォーム事業部のマーケットである。すでに20年を超える住宅もあるので、リフォームの要望は潜在的に膨らんでいた。リフォーム事業部の立ち上げ翌年の2016年度の売上は1億6000万円にものぼった。

部員6名が手分けして地域を絞って訪問を続けているのだが、どの地域でもリフォームの要望は確実にあり、売上は月に1000万円にのぼる。まだまだ伸びる余地のある事業だ。1年後には10名体制にして、売上も現在の倍の3億円にしたいと考えている。

資産を増やして賃貸事業

賃貸事業は、営業エリアのダウンサイジングの結果として本格的に展開することになった事業だったが、今では事業の柱にまで成長した。2015年購入の津田沼駅前のオフィスビル1棟をはじめ、オフィス、マンションなど、現在、我が社で所有している賃貸物件は50件を超えている。

賃貸事業の利点は、毎月、安定した収入を得られることだ。それに加えて、人件費を含め経費がほとんどかからないこともほかの事業にはないメリットだろう。

したがって、賃貸事業のために特別な部署を設けているわけではなく、総務の社員が物件の管理を兼任している。

賃貸物件は、金融機関から融資を受けて購入することが多く、その金利は経費として処理できる。幸い低利がずっと続いているため、長期に借り入れても大きな負担にはなっていない。物件を購入して賃貸として貸し出すというビジネスモデルは、低金利時代にはピッタリの事業なのかもしれない。

地味で目新しさがないように見える賃貸事業だが、ここ数年に新しい動きがあった。最大手のコンビニエンスストアチェーンが我が社に声をかけてきたのだ。

コンビニチェーン本部には店舗開発の専門部署があり、そこでは、ある地域にいっせいに店舗をオープンさせる計画を練っている。絞り込んだ地域に集中的に店舗展開をすれば、商品を運搬する物流の効率は格段によくなるということで、物流センターの建設を進めながら、同時に店舗開設を準備するのだ。そして、あっという間に地域のシェアを獲得してしまうわけだ。

新店は、新しく建設したり、既存のビルの一部を改装するが、コンビニチェーン本部がその物件を所有することはない。直営店など一部の店舗を除いて、ほとんどの場合、賃貸契約にしている。

競合店が出店するなどコンビニエンスストアを取り巻く環境は絶えず変わる。それにいち早く対応して店を増改築したり、場合によっては撤退させたり、機敏な対応を取る必要があるからだ。賃貸契約により、店をいつでも身軽に動かせるようにしているわけだ。

そこで我が社に持ち込まれたのが、コンビニチェーンに物件を貸す役割だった。といっても、新店となる土地や物件はコンビニチェーンの専門部署から指定される。我が社はコンビニチェーンが探し出した物件の地主や持ち主と交渉して、そこを買い取り、店を建て、コンビニチェーン本部と賃貸契約を結ぶのだ。

店舗を新しく建設する場合も少なくない。八千代市内に、この方式で生まれたコンビニエンスストアの第1号店がオープンした。次は、船橋市内に2つ目ができ、1年で計5店のコンビニがオープンする見込みだ。

習志野駅前の店は鉄筋コンクリートで建てる必要があり、コンビニチェーンのなじみの業者が請け負ったが、ほかの物件については我が社が建設を行っている。約束された賃料を得られる着実なビジネスだ。

賃貸事業の売上は2016年度、6億2000万円に達した。利益率の高いこのビジネスを、数年で10億円規模にできると見込んでいる。

戸建てのニーズはまだまだある

さて、日本では、住宅に対して誰もが満足しているのだろうか。満ち足りた暮らしができる住宅は十分にあるのだろうか。

5年ごとに行われる総務省による住宅・土地統計調査の2013年の統計を見ると、2013年10月時点で総住宅数は6063万戸、前回調査の2008年と比べて304万戸増加した。

住宅の総数は一貫して増えており、1998年から2013年までの15年間で、1000万戸以上増加している。それに伴い空き家も年々増え、2013年では820万戸、住宅総数を分母とすればその率は13・5%を占めるまでになった。

この数字を見ると、住宅はもう十分、行き渡り、余っているかのように見える。

次のようなデータもある。

国土交通省の調査によれば、2016年の新設住宅着工戸数は96万7237戸。前年比6・4%増で2年連続しての増加だった。

しかし、これは消費税率10%への増税が予測される中の駆け込み需要と見るべきだろう。現にその前に、消費税が8%に上がる前の2013年までの新設住宅着工戸数は4年連続で増加し、2014年4月、消費税が上がったとたんに急落している。これと同じことが2016年、2017年と起きたのだ。

新築住宅の増加といっても、大きなトレンドから見れば微々たるものだ。むしろ、10

年単位で見れば、新設住宅着工戸数の減少傾向は明らかだ。

２００６年の新設住宅着工戸数は１２９万３９１戸、さらにその10年前の１９９６年は１６４万３２２６戸。20年で6割以下になった計算だ。新設住宅着工戸数は間違いなく減少している。

さらに、日本全体の状況を見渡せば、少子高齢化のスピードはすさまじい。人口は２００８年をピークに、減少を続けている。それに伴い生産年齢人口（15歳以上65歳未満人口）も減少し、逆に老齢人口（65歳以上人口）の割合は増加し、２０１３年に４人に１人が65歳以上となった。

住宅の総数を見ても、空き家率を見ても、新設住宅着工戸数を見ても、また、人口の動態を見ても、住宅ニーズはもはやピークを越え、減少するのは当然のこと。誰もがそう考えるかもしれない。

だが、私の考えは違う。

新設住宅着工戸数の総数の中から、分譲の一戸建てだけを取り出して見ると、１９９６年で14万７９４４戸、２００６年では13万８２６１戸、２０１６年では13万３７３９戸。減少傾向には違いないが、新設住宅の総数ほど、減っているわけではない。

一戸建ての持ち家のニーズはまだまだあると考えるべきだ。

さらに次のような事実も浮かびあがってくる。

国土交通省の同調査には、新設された住宅ののべ床面積も公表されている。新設の総戸数が減っているのだから、のべ床面積も減って当然なのだが、気になるのはのべ床面積の減り方のほうが激しいことだ。

どのくらい違うのか。のべ床面積を総戸数で割った数値の変化を見ていくと、新設された住宅1戸あたり面積は、2000年と比べ2016年は16・5%減少していることがわかる。新設される一軒一軒の住宅の大きさが、年々、小さくなっているのである。

これはマンションやアパートなど、面積が小さな物件が相対的に増えていることを表している。

ここまで見たところで、もう一度、最初の疑問に立ち返ってみたい。

日本では住宅に対して、誰もが満足しているのだろうか。満ち足りた暮らしができる住宅は十分にあるのだろうか。

いや、そんなことはない、と私は考える。

新設されている住宅のうち、増えているのは狭いアパートやマンションだ。住宅の総数は増えているが、単身者や少人数家族だとしても多くの人は狭い住宅に住んでいるのではないだろうか。

住宅戸数の総数は増えているが、増えているのがマンションならば、いずれその老朽化も大きな問題になる。30～40年経てば、必ず建て替えの話が出てくる。補修したとしても、十数年延ばせるかどうかだろう。

マンションをまるごと建て替えるのは大ごとだ。まず、区分所有者の5分の4以上の賛成が必要になる。賛成多数を得て建て替えに踏み切れても、その間、大勢の住民がいっせいに一時的に引っ越す必要がある。時折、古いマンションや団地の建て替えが報道されるが、ニュースになるほど実は難しいものなのだ。

マンションの問題はそればかりではない。

つい最近も、大型のマンションが傾いたことがニュースになった。あってはならないことだが、ありえないことではない。これから続々と、同様の問題が出てもおかしくないと私は考えている。

さらに率直に言えば、私には、マンションは住宅とは思えない。正確に言えば、マンションの敷地を住民で配分するので、自分の土地がないわけではないのだが、マンションには自由になる土地はないに等しいと思うのだ。

自由にできる土地がない上、家族で狭い部屋にぎゅうぎゅう詰めにされているのが、多くのマンションの実態だろう。私はそういう状況ががまんならない。

私は、住宅とは、土地があってのものだと信じている。広い家と庭があるからこそ、子どもたちをのびのびと育てられる。ゆっくりとくつろぐことができる。

土地のある一戸建てならば、建て替えもたやすい。特に木造建築ではそうだ。リフォームもやりやすい。そうしてまた暮らし続けることができる。

マンションを全く否定するつもりはない。今は、街の機能を1カ所に集中させるコンパクトシティが全国どこでもつくられている。若い時は遠出が苦になることもなく気軽に出かけられても、歳を取ればそうはいかなくなる。駅近で、しかも階下に食品スーパーや専門店が揃い、医療機関も備えるマンションで暮らせば、ふだんの生活を不便なく送れるだけでなく、出かけたければ駅からどこへでも行けるし、健康の不安があればすぐに病院に駆け込める。マンションは、高齢者にとってはありがたい存在だろう。

密集する都心では、高層マンションは便利な存在だ。また、一時的に生活する場合や、都市部のセカンドハウス的に利用するにはマンションは最適だ。郊外で広い土地の家を持ち、仕事の拠点に近い都心に第2の家としてマンションを持つ。私は、マンションをそのように利用するのが理想なのではと考えている。

マンションはあくまで一時的な住まいであり、本当の住まいは庭付きのゆったりした一戸建てにすべきという私の考えに変わりはない。

戸建て住宅に住みたいという願いはまだまだ満たされているわけではない。本当に必要とされている家は、まだまだ足りないと私は考えている。そしてその供給のために我々がいるのである。

経営に明るいことが強みに

私は、本当に必要とされている家、本当の住まいと呼べる住宅づくりを目指して、ここまで歩んできた。理想の家をイメージして、住宅づくりができたのは、私に銀行員としての経験があればこそだった。

独立当初は土地や建物などの物件の売買の間に入り、手数料を稼ぐ不動産仲介業を目指そうとした。だが、それで稼ぐことは難しかったため、資金調達して新築住宅を買い取り、短期間に完売するスタイルに変えた。やがて土地を買い、その上に住宅を建てて、販売する世界に踏み込んだ。ついには、広い土地を入手し、造成し、区画を整備して住宅を建設し、販売し、居住者のその後のメンテナンスやリフォームのサービスまで、一切の事業を私自身の手で行うようになった。

不動産と建設の2つの業界に深く関わってきたのだが、どちらの業界を見ても驚いたのが、お金の管理の〝おおざっぱ〟さだ。仲介手数料はともかく、不動産そのものの売買になると1件あたりの金額は数千万、場合によっては数億、数十億単位になる。だから数千円、数万円は端数に見えるのだろうか。銀行員として1円の間違いもあってはならない世界で働いてきた私にとって、それは許されないことだった。

創業当初から、私は現金を持つことにこだわり、そのために毎日1円単位で経費を削ってきた。コストダウンできる余地はないか、常に考え続けてきた。

そんな私から見れば、不動産業界や建設業界の金銭感覚は異常に見えた。

建設業界には、下請け、孫請けの構造で、どんどん下に仕事を下ろしていくという悪習がある。下ろすたびに上前をはねるので、最後の支払い金額は、原価の何倍にも水ぶくれした額になってしまう。金の流れは不透明になり、関わっているひとつひとつの会社での金銭管理、ひいては会社の経営そのものがドンブリ勘定になる。金銭管理が甘ければ、不正も起こりがちだ。数億、数十億の取引を行っているうちに感覚が麻痺するのだろう。少しなら自分の懐に入れても構わないと考える人間が出てくる。

高い技術を持ちながら、金銭管理ができていないばかりに、経営に苦労している建設関連の会社は少なくない。

我が社が分離発注で住宅建設を大幅にコストダウンできたのは、根底に1円を積み重ねる考え方があったからだ。銀行員として鍛えられた感覚を今では感謝している。

その後、我が社は「高品質の住宅を安く」提供して躍進したが、それも1円を見逃さずにコストダウンし、その分を住宅の価値を上げるために使ってきたからだ。厳密な金銭管理があるからこそ、成し遂げられるのである。

「ハウスビルダー」としてのプライド

我が社が「高品質の住宅を安く」提供できるようになったのは、分離発注で中間のコストを削減し、土地造成から自社で行っているからだ。また、それによって、千葉ニュータウンの開発も手がけることにつながった。

千葉ニュータウンの開発が伸び悩んだのは、交通網の整備の遅延ばかりではない。いや、都心へのアクセスが悪いのに価格が高過ぎたというほうが正しい。

我々は、造成されていない土地がたくさんあるところに着目し、我々の力でできる規模の土地を買い取り、我々、秋栄会グループの中で、土地造成を行い、宅地としてきた。その費用が、大手企業に依頼する大規模な造成よりずっと割安に済んだのは言うまでもないだろう。

今も、私が分離発注を始めた時代も、建設業界の構造は変わっていない。造成段階だけでも、いくつもの専門業者に分かれ、それぞれが下請け、孫請けの構造を形成している。現場の作業から何段階もコストを積み重ねていくのだから、宅地となって売り出される時には、高い価格になって当然だ。

この業界の常識を捨て、悪習を破って、我が社では、グループの造成企業に直接発注するからこそ、宅地の価格を抑えることができたのだ。宅地の上に建てる住宅の建設においても同じだ。秋栄会グループの中で、1軒の家の建築に関わるすべての工程をやり遂げることができる。みんなの力を合わせて1軒の家をつくる。

我が社は宅地を開発し、そこに住宅を建てて提供する。その意味で、私は、自らを「ハウスビルダー」だと考えている。既存の業界にとらわれない立場で、全く新しい分野の開拓者なのである。社員たちにも、家を売るのではない、お客様といっしょに家をつくる仕事をしている「ハウスビルダー」の仕事に誇りを持てと言っている。

常に未来の住宅のあり方を模索

家づくりのための技術は絶えず進化している。最新技術の動向を探り、適宜、採り入れることを忘れてはいけない。そのために秋栄会の存在が大いに役立っている。

現在、秋栄会には150社もの企業が集まり、建設に携わるあらゆる分野をカバーしている。彼らは我が社の仕事をしているが、同時に他社の仕事も請け負っており、各専門分野の情報を持っている。情報は貴重な財産だ。私は、彼らからヒントを得る機会が多々ある。

これからの住宅建設には、大きな3つのトレンドが到来すると私は考えている。ひとつがエコのトレンドだ。

我が社は、早くから省エネになる給湯器や発電機を標準仕様にしてきた。現在は、家庭用燃料電池のエネファームを採用している。屋根にパネルを設置する太陽光発電をオプションとして合わせれば、さらに効果は高まる。

従来から我が社では高断熱・高気密にも気を配り、その工法も併せて、トータルとしての家の省エネを推し進めてきたが、今後も最新技術に目を光らせながら、エコを強力に進めていくつもりだ。

もうひとつのトレンドが高齢者仕様の家だろう。

日本では急激に人口減と高齢化が進んでいる。高齢者にとって暮らしやすい家を追求することは、これからの家づくりで欠かせない要件になる。

段差をなくすなどバリアフリーの家は増えており、我が社でも当然、採り入れてきた。だが、本格的な高齢者仕様となると、車椅子で家の中を移動するようなことを想定しなければならない。設計を基本的なところから考え直す必要がある。

例えば「メーターモジュール」という概念を採り入れる必要があるだろう。これは1mを基本単位とする住宅設計の考え方だ。

日本の住宅の多くは「尺モジュール」でつくられている。1尺＝約30㎝を単位に部屋の大きさや廊下幅を設計する方法で、我が社の住宅も同じようにつくってきた。

だが、家の中を車椅子で移動することを想定すると、廊下幅ひとつとっても「メーターモジュール」による1m幅にすることが望ましい。約90㎝がわずか1割ほど延びるだけだが、車椅子や、介助者の動きは大きく楽になる。

廊下幅に限らず、各部屋はもちろん、トイレや浴室もスペースを広くする必要がある。

2階建てであればリフトやエレベーターも必要になるだろう。理想は平屋で暮らせることだが、エレベーターも、新築時に設置しておけば、1坪のスペースを割くだけでできる。

これらをすべて実現するには、広い土地が必要になる。我が社では土地は50坪以上、家の床面積は33坪以上を基準としてきたが、高齢者仕様の家はさらに広い土地が必要になる。

増改築が簡単にできる家を

3つ目のトレンドが、改築、増築などが今よりもずっと容易にできる家だ。

家は人生に一度の大切な買い物であることに変わりはないが、一度買ってそれで終わりという時代ではなくなっている。我が社の建設部メンテナンス課やリフォーム事業部の業務量増加に、その気配が見える。より大胆に住宅を増築・改築していく時代が、すぐ目の前にやってきていると感じている。

まず、ライフステージによって、求められる住宅の姿は大きく変わる。

子どもが生まれれば、何よりも安心して暮らせる家が求められるだろう。子どもが泣けば、いつでもどこからでも聞こえ、子どもが歩き始めれば、転んでもケガをしない、ドアに指をはさまない、危険のない部屋が望まれるはずだ。

転げ回って自由に遊ばせたいと考えるならば、床も壁も清潔に保てる素材を使いたい。庭で安心して遊ばせたいのであれば、両親が見守れるように家に大きな窓を設けたい。

一方、親にとっては、子育てで疲れた身体をゆっくり休める部屋がほしい。風呂やシャワーなどの設備にひと工夫がほしい。子どもの面倒を見ながら在宅で働くことが普通になるかもしれない。そのための部屋も必要になるだろう。

子どもが大きくなればまた別の部屋が必要になる。初めは兄弟姉妹で共有する部屋がよいのかもしれない。同じ部屋で遊んだり、勉強したりすることが社会性を育む。

だが、大きくなればひとりひとりの部屋が欲しくなる。その時、間仕切りが簡単にできて、小さな部屋をいくつもつくれるようにしておけば便利だろう。

もっと子どもが大きくなり独立すれば、夫婦の空間や時間を増やしたいと思うようになるかもしれない。読書や趣味に時間を使えるスペース、オーディオルームやカラオケルーム、ミニシアター、図書室などをつくりたいと考える人も増えるだろう。

親を身近で介護したいのであれば、専用の部屋をつくる必要も出てくる。部屋ばかりでなく、玄関や、トイレ、浴室のリフォームも必要かもしれない。

増築や、大型リフォームには、時間もお金もかかる。

初めから変更のニーズを見越した、変化に強い家はつくれないだろうか。大胆な増改築をたやすく、安価にできる家はできないだろうか。

高齢者が住みやすい家と増改築が簡単にできる家は、ニーズがオーバーラップしている。居住者や住み方の変化に応じて、常にエコ仕様であるニーズも、当然重なる。

エコ、高齢者が住みやすい家、増改築が簡単にできる家。これら3つのトレンドが融合した家こそ、近い将来、必ず求められる家の姿と考えている。

街全体を見渡す視点を持って

3つのトレンドに沿った家をつくることができれば、社会のニーズの重要な部分を満たすことができるだろう。だが、ニーズは家だけで応えられるわけではない。住む街には、利便性も、安全性も、景観も求められる。

街全体のあり方が、暮らしの品質を左右するのだから、街づくりを見通す視点がどうしても必要になってくる。

ひとつひとつの住宅を高品質に、しかも安く仕上げることは、我が社の大事な役割だが、実際に住宅に住む人たちにとっては、毎日、職場まで滞りなく行き来することができたり、すぐ近くで日常の買い物ができたり、子どもたちが安全に通学できることが欠かせない条件なのだ。

我が社も開発規模が年々大きくなり、現在の開発の舞台は千葉ニュータウンとなっている。千葉ニュータウンは、隅々まで計画的に練られた街の典型であり、公共交通、買い物の場、学校、病院などなど生活のためのインフラがすべて揃っている。住宅開発には最適な場所だ。

ここに、50棟、100棟、さらには数百棟規模の大型開発を手掛けて、広い道路をつくり、自動車で走るにも、徒歩で外出するにも、安全で安心できる環境を提供する。住宅地まるごとを統一したデザインの植栽を行い、景観の美しい街並みを提供する。そんな開発を行っていきたい。

家そのものに価値があることはもちろんだが、暮らしやすい周りの環境、街があってこそ、本当に「高い品質の家」は実現する。

私が目指してきた「高品質の住宅を安く」という事業は、創業30年にしてひとつのピークを迎えたが、我が社の挑戦はまだまだ終わらない。

あとがき

２０１７年、株式会社ＡＨＣは創立30周年を迎えた。

30年前の１９８８年春、私が有限会社アットホームセンターを設立した時は、ゼロからの出発だった。約半年間、収入は文字通りゼロだった。

事業の見通しが立たないのだから、手持ちの金を大事にしなくてはならない。それには倹約しかない。そこでまず、好きな酒を断った。

銀行員時代はよく飲んだ。営業先の顧客と親しくなって、夜を徹して飲んだことも一度や二度ではない。昼間は当然、「ぜひ口座開設を」と営業トークが中心なのだが、何度も訪問するうちには親しくなる。夜になって食事や酒を共にすれば、話は金や仕事を離れる。それがいい人間関係を生んだ。銀行の仲間ともよく飲んだ。気心の知れた仲間と酌み交わす酒は最高だ。今も友情が続いている。

そんな大好きな酒を絶ち、食費も節約した。一日をカップラーメンひとつで過ごしたこともある。

だが、食べるものさえ切り詰めても、会社の運営はなかなか改善しなかった。創業から半年間は仕事らしい仕事にならず、絶望感に打ちひしがれそうになった。その時、助けの手を差し伸ばしてくれた人がいた。それをきっかけに、不動産仲介業のビジネスを始めることができた。やがて将来性を考えて、仲介から、建売住宅の販売へフィールドを広げた。自ら資金調達をして新築の住宅を買い取り、販売する。無論、多額の資金が必要だ。古くからの友人たちや地域の金融機関が強い味方になってくれたからできたことだった。

そこからは、住宅の建設販売に焦点を絞り、土地を購入して「アットホームタウン」といった名称をつけた開発をしてきた。現在は２００棟、３００棟という規模の開発を進めている。

棟数で比較するならば、我が社の何倍もの規模で住宅開発を行っている企業は千葉県内にもある。だが、高品質へのこだわりや技術では、我が社は業界のトップを走ってきたと自負している。だからこそ、八千代市の本社から軸足を動かさず、この地域だからできる、建坪も床面積も広い家づくりにこだわっている。それを若いサラリーマンが買える価格で提供できるしくみもつくった。

それは私が中途からこの業界に入ったために、業界の慣習にとらわれずに、発想し、実行できたからだ。

私が銀行を辞めて会社を起してから、バブルが崩壊した。リーマンショックの後は長い不動産不況が続いた。ここに至るまでに、取引先の倒産や、夜逃げを目の当たりにした。個人的には交通事故で大怪我を負う悲劇もあった。

しかし、私は常に、世の中の流れに安穏と乗るより、自分の信念に従って戦うほうを選んできた。だからこそバブル景気にも、はじけた後の不況にも、リーマンショックにも、常に逆張りの手を、それも少しだけ先手を、打った。自分の大怪我さえ、経営にプラスになったと考えることができる。

我が社は従業員数約50名と少数であり、商圏も決して広くないが、経営内容のよさには自信がある。

だが、住宅開発の規模が数百棟になった今、私は「街づくり」に大きな責任を感じずにはいられない。

十分な広さと庭のある家を建てることはもちろんだが、近くに子どもたちが通える学校があり、そこへ安全に通える整備された道路がある。駅から徒歩圏内にあって通勤に便利で、毎日の生活のための食品スーパーや衣料品、日用品の店がすぐ近くにある。

「高品質の住宅を安く」提供することと同時に、街の環境が揃って初めて、安心できる暮らし、快適な生活が実現する。開発は街づくりという、より大きな責任を背負っていると自覚している。

そのために、新しい住宅の建設に加えて、その後のメンテナンスやリフォームのサービスを事業の大きな柱にしていく。

安心できる空間を提供する街に住み続ける未来を守っていくことが、今後の私に課された使命であり、いっそうの情熱を傾ける目標となっている。

本書では我が社が何を目指し、いかにしてそれを実現してきたのか、その過程をつぶさに記した。

本書を通して、これから家を建てたいと考えている方には、我が社がいかに住宅建設にこだわってきたかを知っていただければ幸いだ。

住宅建設や開発に携わる業界の方には、家とはどうあるべきか、街とはいかなるものか、そのために業界はどう進むべきかを、考えるきっかけになればこれほどうれしいことはない。

我が社の従業員には、これまで我が社が目指してきたことを知り、これから家づくり、街づくりに携わっていく自らに確かな誇りを持ってほしい。そして、大きな目標をかかげ、どこまでも進んでほしい。

さらに、ＡＨＣの造成、建設、設備等々の事業に携わっている秋栄会グループ１５０社とそこで働くみなさんに、この場を借りて日頃のお礼を申し上げる。秋栄会の協力なくして、ＡＨＣの「高品質の住宅を安く」提供するしくみは生まれなかった。

銀行員時代、私は「鬼の秋山」とか「カミソリ秋山」と言われた激しい性格だった。当時を知る人からは、今はずいぶん丸くなったと言われる。確かにそうかもしれない。若いころは自分が正しいと思って、周囲に突っかかっていたし、人一倍の努力を人にも求めていた。起業して30年、今は、事業はひとりではできないことが身に染みてわかる。創業の時から、事業の発展に尽力してくれた副社長なくして、この繁栄はないと心から感謝している。

最後に本書を上梓するにあたり、ダイヤモンド社の梶原一義氏、山本明文氏、大森香保子さんのご協力に厚く御礼を申し上げる。

２０１７年9月

株式会社ＡＨＣ 代表取締役
秋山 二三雄

AHC　アットホームセンター　主たる分譲実績

年度	現場名	所在	棟数
1996		八千代市八千代台東２丁目	18
		八千代市八千代台北 11 丁目	3
		八千代市ゆりのき台２丁目	2
		八千代市ゆりのき台６丁目	5
		佐倉市西志津１丁目	10
1997		八千代市ゆりのき台６丁目	5
		八千代市上高津	6
		千葉市花見川区横戸町	10
1998		八千代市八千代台北８丁目	3
	横戸町２棟	千葉市花見川区横戸町	2
		八千代市八千代台北 16 丁目	8
	橋土３棟	八千代市高津	6
		八千代市ゆりのき台８丁目	2
		八千代市ゆりのき台１丁目	8
	フレッシュタウン 18 棟	八千代市大和田新田	18
1999		八千代市八千代台北３丁目	4
	緑が丘第２期	八千代市緑ヶ丘２丁目	11
		八千代市八千代台東１丁目	2
		八千代市高津	15
	西志津（第２期）５丁目 10 棟	佐倉市西志津５丁目	10
		八千代市勝田台北３丁目	12
	緑が丘第１期	八千代市緑ヶ丘２丁目	15
2000	緑が丘Ⅲ期	八千代市緑ヶ丘	8
		八千代市新木戸	3
	西志津（第３期）１丁目 10 棟	佐倉市西志津１丁目	10
2001	緑が丘第４期 10 棟	八千代市緑ヶ丘４丁目	10
	花島	八千代市大和田新田	3
	向山	八千代市大和田新田	16
	萱田 50 棟（八千代中央第５期）	八千代市萱田	50
2002	緑が丘第５期 12 棟	八千代市大和田新田	12
	緑が丘第６期 49 棟	八千代市大和田新田	49
	一本松前	八千代市大和田新田	18
	上高野 41 棟	八千代市上高野	41
	幕張本郷第１期７棟	千葉市花見川区幕張本郷３丁目	7
	朝日が丘	千葉市花見川区朝日が丘町４丁目	6

年度	現場名	所在	棟数
2003	本北方	市川市本北方	13
	幕張本郷第２期３棟	千葉市花見川区幕張本郷６丁目	3
	新検見川第２期<花園４棟>	千葉市花見川区花園町	4
	八千代台Ｖ（八千代台５期）	八千代市高津	3
	ゆりのき台第１期63棟	八千代市ゆりのき台５丁目	63
	北習志野第１期14棟	船橋市習志野台４丁目	14
2004	桜木町	千葉市若葉区桜木北１丁目	12
	一本松前Ⅱ	八千代市大和田新田	19
	幕張本郷第３期５棟	千葉市花見川区幕張本郷２丁目	5
	向山	八千代市大和田新田	5
		八千代市八千代台東３丁目	2
	萱田19棟（八千代中央第８期）、萱田４棟	八千代市萱田町	23
	八千代台Ⅵ（八千代台６期）	八千代市高津	4
		八千代市勝田台北２丁目	4
	ゆりのき台Ⅲ期	八千代市ゆりのき台５丁目	71
2005	谷津 ST8,11	習志野市谷津５、６丁目	19
	幕張西メッセウエストサイド６	千葉市美浜区幕張西６丁目	13
	八千代台北Ⅰ ST11	八千代市八千代台北12丁目	11
	柏井町 ST4	市川市柏井町２丁目	4
	幕張本郷（鷺沼）ST13	習志野市鷺沼３丁目	13
	八千代台東２丁目	八千代市八千代台東２丁目	6
	西船橋	船橋市西船	7
	新検見川３	千葉市花見川区朝日ヶ丘２丁目	10
	緑が丘 ST20	八千代市大和田新田	20
	都賀 ST4	千葉市若葉区原町	4
	作新台	千葉市花見川区作新台７丁目	5
	ゆりのき台 ST15（５丁目）	八千代市ゆりのき台５丁目	15
	動物公園 ST4	千葉市若葉区源町	4
		千葉市稲毛区稲毛町５丁目	31
		習志野市東習志野８丁目	10
	幕張西メッセウエストサイド５	千葉市美浜区幕張西５丁目	20
	真砂 ST2	千葉市美浜区真砂２丁目	2
	船橋緑の丘（金杉）ST8	船橋市金杉５丁目	8
	幕張西メッセウエストサイド６	千葉市美浜区幕張西６丁目	12
		八千代市高津東３丁目	2
	勝田台 ST24	八千代市上高野	24
	船橋本町 ST5	船橋市本町４丁目	5

年度	現場名	所在	棟数
2006		千葉市花見川区幕張本郷３丁目	10
	勝田台（西志津）ST7	佐倉市西志津６丁目	7
	宮本町 ST2	船橋市宮本８丁目	2
		千葉市花見川区幕張町３丁目	3
	八千代村上 ST16	八千代市村上	16
	二和東 ST5	船橋市二和東３丁目	5
	畑町（新検見川）	千葉市花見川区畑町	3
	緑が丘 ST6	八千代市大和田新田	6
		船橋市習志野台８丁目	4
	八千代台北Ⅱ・Ⅲ	八千代市八千代台北 13 丁目	20
	ゆりのき台 ST2	八千代市ゆりのき台１丁目	2
		千葉市若葉区みつわ台５丁目	28
	八千代台東ステージ２	八千代市八千代台東３丁目	2
	ゆりのき台 ST67	八千代市ゆりのき台１丁目、萱田	67
2007		習志野市鷺沼５丁目	2
		千葉市若葉区小倉町	10
		八千代市村上南５丁目	5
		習志野市香澄５丁目	3
		鎌ケ谷市佐津間	6
	勝田台 ST14	八千代市勝田台５丁目	14
		千葉市花見川区柏井町	9
		船橋市東船橋	12
	上志津原 ST13	佐倉市上志津原	13
		市川市宮久保３丁目	8
		白井市富士	4
		船橋市古和釜	9
		船橋市馬込町	14
		千葉市花見川区幕張町４丁目	2
		習志野市東習志野	16
		鎌ケ谷市北中沢	7
		八千代市八千代台西４丁目	5
2008		松戸市中金杉	3
		船橋市咲が丘１丁目	4
		千葉市花見川区幕張町６丁目	3
	緑が丘 ST10	八千代市吉橋	10
		船橋市芝山	4
		市川市曽谷４丁目	13

年度	現場名	所在	棟数
2008		船橋市宮本８丁目	7
		千葉市花見川区花園町	7
	ゆりのき台 ST76	八千代市大和田新田	76
		鎌ケ谷市鎌ケ谷２丁目	3
		船橋市大穴北１丁目	14
		千葉市中央区蘇我４丁目	17
	上志津原 ST4	佐倉市上志津原	4
		鎌ケ谷市東鎌ケ谷１丁目	3
	芽吹きの杜	船橋市坪井東６丁目	16
		千葉市中央区出州港	4
		八千代市萱田町	5
		船橋市飯山満１丁目	2
		柏市豊住５丁目	6
		千葉市稲毛区稲毛町５丁目	2
		八千代市上高野	5
		船橋市習志野台８丁目	2
		柏市篠籠田	5
		八千代市八千代台北 11 丁目	3
	勝田台 ST24	八千代市勝田	24
2009		市川市大町	7
	東松戸 ST6	松戸市東松戸１丁目	6
	勝田台 ST9	八千代市勝田台	9
		船橋市法典	6
	幕張西 ST21	千葉市美浜区幕張西４丁目	21
	美しが丘（西白井）ST95	白井市根	95
	八千代台南 ST3	八千代市八千代台南２丁目	3
	柏の葉 ST32	柏市柏の葉３丁目	32
	高津東 ST10（八千代台 ST10）	八千代市高津東１丁目	10
	芽吹きの杜 ST22	船橋市坪井東６丁目	22
	村上 ST2	八千代市村上南２丁目	2
	千城台 ST42	千葉市若葉区千城台北２丁目	42
	彩色の街	八千代市大和田新田	43
2010	新鎌ケ谷	鎌ケ谷市新鎌ケ谷３丁目	3
	稲毛	千葉市稲毛区稲毛東５丁目	5
	稲毛海岸	千葉市美浜区高州１丁目	5
	八千代中央星降る街	八千代市大和田新田	17
	緑の杜パートⅡ ST45	八千代市勝田	45

年度	現場名	所在	棟数
2011	せせらぎ ST45	船橋市坪井東３丁目	45
	緑の杜パートⅢ ST24	八千代市勝田	24
		八千代市八千代台北 11 丁目	3
	緑の杜パートⅣ ST41	八千代市勝田	41
	八千代台エコの街（八千代台西）ST9	八千代台西８丁目	9
	村上南 ST3	八千代市村上南２丁目	3
	セレブ村上	八千代市村上南２丁目	17
		八千代市新木戸	3
2012	フォレストヒルズ	船橋市金堀町	30
	けやき台	白井市けやき台２丁目	14
	輝きの街	八千代市萱田町	14
2013	いには野	印西市若萩１丁目	87
	レイクヒルズ美瀬	印西市美瀬１丁目	28
	緑の杜	八千代市勝田	2
	陽だまりの丘	八千代市ゆりのき７丁目	7
	ゆりのきの丘パートⅡ	八千代市大和田新田	12
2014	スマートヒルズ ST174	八千代市大和田、八千代市大和田新田	174
	スマートヒルズパートⅡ ST3	八千代市大和田新田	3
	マリーナの街	千葉市美浜区高浜	12
	そよ風の街	八千代市上高野	10
	せせらぎの街	船橋市坪井東	131
2015	ブライトスクエア	印西市原山３丁目	11
	サンシャインコート勝田台	八千代市勝田台６丁目	42
2016	パストゥーレコートⅠ	印西市西の原	152
	ブライトアベニュー	印西市原山２丁目	61
2017	勝田台グレイスコート	八千代市勝田台南	10
	桜の街Ⅰ	白井市七次台３丁目	25
	ステータスヒルズ	印西市原山１丁目	64

※分譲地が完売となった年度で記載。2017 年度は７月７日まで

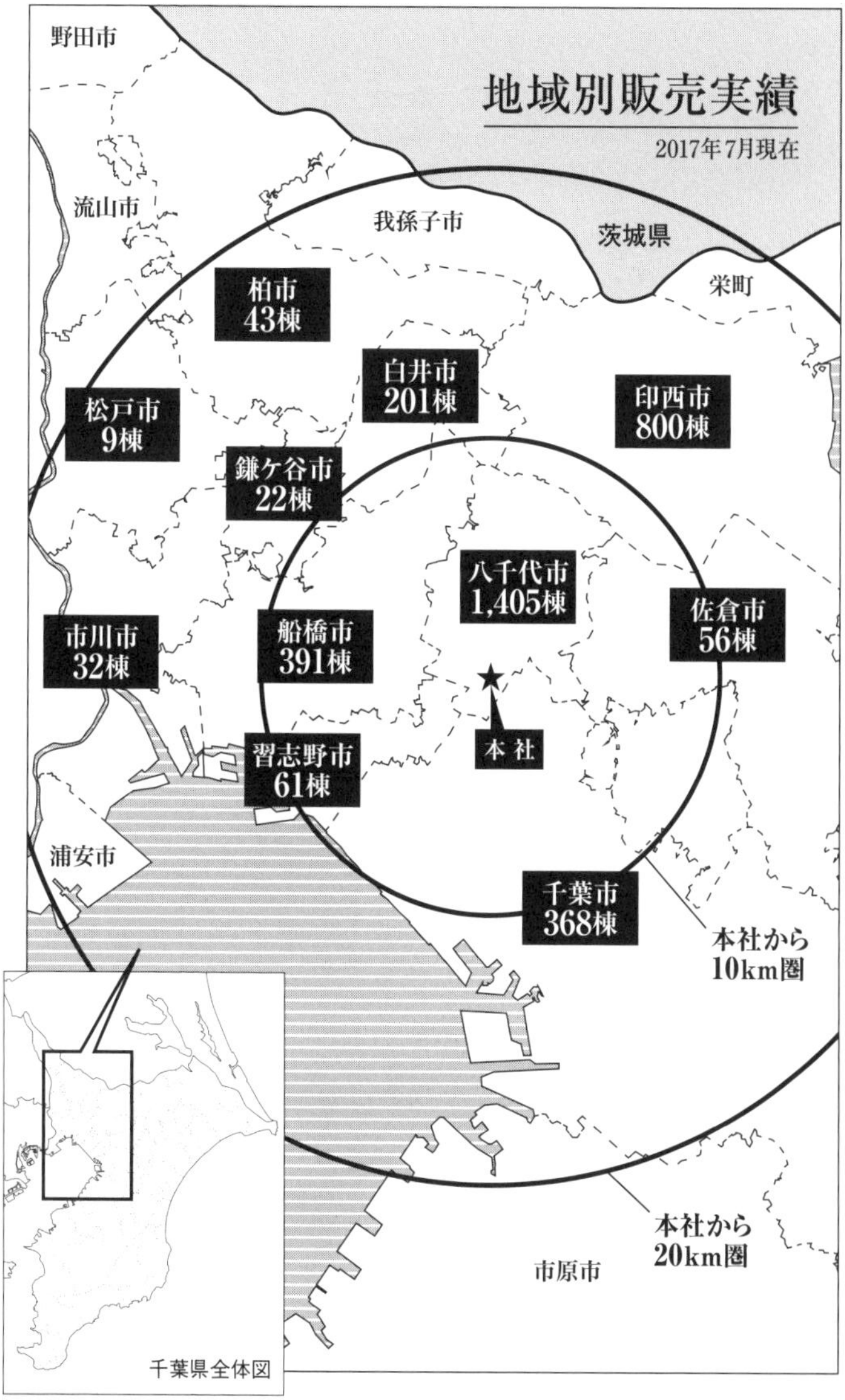
地域別販売実績
2017年7月現在
野田市
流山市
我孫子市
茨城県
栄町
柏市
43棟
白井市
201棟
印西市
800棟
松戸市
9棟
鎌ケ谷市
22棟
八千代市
1,405棟
佐倉市
56棟
市川市
32棟
船橋市
391棟
本社
習志野市
61棟
浦安市
千葉市
368棟
本社から
10km圏
本社から
20km圏
市原市
千葉県全体図

AHC　アットホームセンター　沿革

1988年	千葉県船橋市三山2丁目28番1号に秋山二三雄が資本金500万円にて、有限会社アットホームセンターを創業、不動産業・建設業を始める 建売住宅5棟を販売、次いで50区画の土地、さらに30棟の建売住宅を販売
1990年	本社を八千代市八千代台東1丁目32番14号に移転し、本社ビルを建設
1991年	幕張本郷に移転
1996年	分離発注導入
1997年	有限会社アットホームセンターを資本金3,000万円にて株式会社とする 「秋栄会」立ち上げ
2000年	資本金を1億円に増資 このころ造成を初めて手掛ける
2002年	資本金を1億5,000万円に増資
2003年	資本金を2億円に増資 本社営業部創立　設立15周年式典
2005年	資本金を2億1,500万円に増資 このころから各地に支店を開設し、従業員を増員
2007年	全9支店を閉鎖 八千代市に本社を再移転
2008年	社名を「AHC アットホームセンター」へ改名 資本金を2億2,000万円に増資 設立20周年式典
2009年	造成事業を本格化
2010年	資本金を3億3,000万円に増資
2011年	4月15日付で社名を「株式会社AHC アットホームセンター」から「株式会社AHC」と変更
2012年	創立25周年を機に資本金を4億円に増資
2015年	4月に新社屋完成 資本金を4億9,986万円に増資

秋山二三雄 (Akiyama Fumio)

株式会社ＡＨＣ代表取締役
1946（昭和21）年千葉県佐倉市生まれ。69年明治学院大学経済学部卒、千葉銀行入行。84年浦安支店次長、86年三井不動産トレーニー出向、87年同行退社、88年2月有限会社アットホームセンター設立。97（平成9）年株式会社に改組。2011年社名を株式会社ＡＨＣに変更。
AHC ホームページ http://www.athome-center.com/

落第銀行マンだからできた逆張り経営

「常識」に挑み続けて30年、地域No.1住宅会社のこれから

2017年9月6日　第1刷発行

著者　秋山二三雄
発行所　ダイヤモンド社
〒150-8409　東京都渋谷区神宮前6-12-17
http://www.diamond.co.jp/
電話／03-5778-7235（編集）　03-5778-7240（販売）
本文DTP　スタジオビーフォー
装丁　高野睦子
製作進行　ダイヤモンド・グラフィック社
印刷　堀内印刷所（本文）・共栄メディア（カバー）
製本　本間製本
編集担当　梶原一義

ISBN 978-4-478-10217-6